Johann Wolfgang Goethe, geboren am 28. August 1749 in Frankfurt am Main, ist am 22. März 1832 in Weimar gestorben.

Die drei von Goethe als selbständige Dichtungen verfaßten Märchen erfreuten sich von Anfang an einer ungewöhnlichen Wertschätzung beim Publikum. Mit ihnen wurde die Gattung des Kunstmärchens in Deutschland erst eigentlich konstituiert und zum Hauptimpuls für die Märchendichtung der Romantik.

Märchendichtung war für Goethe nicht nur die Urform poetischen Gestaltens, zu der es ihn hinzog, wenn er sein geheimstes inneres Erleben ausdrücken wollte und Lösungen für bedrängende Probleme suchte, Märchen halfen ihm in der Tat, sich aus seelischen Nöten zu befreien. Zum Zauber dieser Goetheschen Märchen gehört es, daß sie als gleichnishafte Darstellung von Lösungen für Lebensprobleme auch für den aufmerksamen Leser befreiende und beglückende Qualitäten besitzen.

Bisher sind Goethes Märchendichtungen kaum je zusammengestellt und in ihrem Zusammenhang mit ausführlichen Kommentaren versehen worden. Hier legt nun Katharina Mommsen Goethes Märchendichtungen mit einem faszinierenden Nachwort vor, dessen veränderter Blickwinkel zu neuen, verblüffenden Erklärungen führt.

Katharina Mommsen ist, nach Professuren in Berlin und Kanada, derzeit Professorin für Germanistik an der Stanford Universität in Kalifornien. Zahlreiche Bücher und Aufsätze von ihr behandeln deutsche Literatur von Herder bis Handke, insbesondere das Schaffen Goethes.

Johann Wolfgang

GOETHE
MÄRCHEN

Der neue Paris
Die neue Melusine
Das Märchen
Herausgegeben und
erläutert von
Katharina Mommsen

Insel Verlag

Umschlagabbildung:
Goethe, den Kindern des Kriegsrates
Merck vorspielend
Schattenriß von Hermann Pfeiffer, 1932
Die Reproduktion erfolgt mit freundlicher
Genehmigung von Friedrich Pfeiffer, Modautal.

insel taschenbuch 825
Erste Auflage 1984
© Insel Verlag Frankfurt am Main 1984
Alle Rechte vorbehalten
Vertrieb durch den Suhrkamp Taschenbuch Verlag
Umschlag nach Entwürfen von Willy Fleckhaus
Satz: Fotosatz Weihrauch, Würzburg
Druck: Nomos Verlagsgesellschaft, Baden-Baden
Printed in Germany

5 6 7 8 9 10 – 96 95 94 93 92 91

Goethes Märchendichtungen

DER NEUE PARIS

Knabenmärchen

M ir träumte neulich in der Nacht vor Pfingstsonntag, als stünde ich vor einem Spiegel und beschäftigte mich mit den neuen Sommerkleidern, welche mir die lieben Eltern auf das Fest hatten machen lassen. Der Anzug bestand, wie ihr wißt, in Schuhen von sauberem Leder, mit großen silbernen Schnallen, feinen baumwollnen Strümpfen, schwarzen Unterkleidern von Sarsche, und einem Rock von grünem Berkan mit goldnen Balletten. Die Weste dazu, von Goldstoff, war aus meines Vaters Bräutigamsweste geschnitten. Ich war frisiert und gepudert, die Locken standen mir wie Flügelchen vom Kopfe; aber ich konnte mit dem Anziehen nicht fertig werden, weil ich immer die Kleidungsstücke verwechselte, und weil mir immer das erste vom Leibe fiel, wenn ich das zweite umzunehmen gedachte. In dieser großen Verlegenheit trat ein junger schöner Mann zu mir und begrüßte mich aufs freundlichste. »Ei, seid mir willkommen!« sagte ich, »es ist mir ja gar lieb, daß ich Euch hier sehe.« – »Kennt Ihr mich denn?« versetzte jener lächelnd. – »Warum nicht?« war meine gleichfalls lächelnde Antwort. »Ihr seid Merkur, und ich habe Euch oft genug abgebildet gesehen.« – »Das bin ich«, sagte jener, »und von den Göttern mit einem wichtigen Auftrag an dich gesandt. Siehst du diese drei Äpfel?« – Er reichte seine Hand her und zeigte mir drei Äpfel, die sie kaum fassen konnte, und die ebenso wundersam schön als groß waren, und zwar der eine von roter, der andere von gelber, der dritte von grüner Farbe. Man mußte sie für Edelsteine halten, denen man die Form von Früchten gegeben. Ich wollte darnach greifen; er aber zog zurück und sagte: »Du mußt erst wissen, daß sie nicht für dich sind. Du sollst sie den drei schönsten jungen Leuten von der Stadt geben, welche sodann, jeder nach seinem Lose, Gattinnen finden sollen, wie sie solche nur wünschen können. Nimm, und mach deine Sachen gut!« sagte er scheidend, und gab mir die Äpfel in meine offnen Hände; sie schienen mir noch größer geworden zu sein. Ich hielt sie darauf in die Höhe, gegen das Licht, und fand sie ganz durchsichtig; aber gar bald zogen sie sich aufwärts in die Länge und wurden zu drei schönen, schönen Frauenzimmerchen in mäßiger Puppengröße, deren Kleider von der Farbe der vorherigen Äpfel waren. So glitteten sie sacht an meinen Fingern hinauf, und als ich nach ihnen haschen wollte, um wenigstens eine festzuhalten, schwebten sie schon weit in der Höhe und Ferne, daß ich nichts als das Nachsehen hatte. Ich stand ganz verwundert und versteinert da, hatte die Hände noch in der Höhe und beguckte meine Finger, als wäre daran etwas zu sehen gewesen. Aber mit einmal erblickte ich auf meinen Fingerspitzen ein allerliebstes Mädchen herumtanzen, kleiner als jene, aber gar niedlich und munter; und weil sie nicht wie die andern fortflog, sondern verweilte, und bald auf diese bald auf jene Fingerspitze tanzend hin und her trat, so sah ich ihr eine Zeitlang verwundert zu. Da sie mir aber gar so wohl gefiel, glaubte ich sie endlich haschen zu können und dachte geschickt genug zuzugreifen; allein in dem Augenblick fühlte ich einen Schlag an den Kopf, so daß ich ganz betäubt niederfiel, und aus dieser Betäubung nicht eher erwachte, als bis es Zeit war mich anzuziehen und in die Kirche zu gehen.

Unter dem Gottesdienst wiederholte ich mir jene Bilder oft genug; auch am großelterlichen Tische, wo ich zu Mittag speiste. Nachmittags wollte ich einige Freunde besuchen, sowohl um mich in meiner neuen Kleidung, den Hut unter dem Arm und den Degen an der Seite, sehen zu lassen, als auch weil ich ihnen Besuche schuldig war. Ich fand niemanden zu Hause, und da ich hörte, daß sie in die Gärten gegangen, so gedachte ich ihnen zu folgen und den Abend vergnügt zuzubringen. Mein Weg führte mich den Zwinger hin, und ich kam in die Gegend, welche mit Recht den Namen »schlimme Mauer« führt: denn es ist dort niemals ganz geheuer. Ich ging nur langsam und dachte an meine drei Göttinnen, besonders aber an die kleine Nymphe, und hielt meine Finger manchmal in die Höhe, in Hoffnung, sie würde so artig sein, wieder darauf zu balancieren. In diesen Gedanken vorwärts gehend erblickte ich, linker Hand, in der Mauer ein Pförtchen, das ich mich nicht erinnerte je gesehen zu haben. Es schien niedrig, aber der Spitzbogen drüber hätte den größten Mann hindurch gelassen. Bogen und Gewände waren aufs zierlichste vom Steinmetz und Bildhauer ausgemeißelt, die Türe selbst aber zog erst recht meine Aufmerksamkeit an sich. Braunes uraltes Holz, nur wenig verziert, war mit breiten, sowohl erhaben als vertieft gearbeiteten Bändern von Erz beschlagen, deren Laubwerk, worin die natürlichsten Vögel saßen, ich nicht genug bewundern konnte. Doch was mir das Merkwürdigste schien, kein Schlüsselloch war zu sehen, keine Klinke, kein Klopfer, und ich vermutete daraus, daß diese Türe nur von innen aufgemacht werde. Ich hatte mich nicht geirrt: denn als ich ihr näher trat, um die Zieraten zu befühlen, tat sie sich hineinwärts auf, und es erschien ein Mann, dessen Kleidung etwas Langes, Weites und Sonderbares hatte. Auch ein ehrwürdiger Bart umwölkte sein Kinn; daher ich ihn für einen Juden zu halten geneigt war. Er aber, eben als wenn er meine Gedanken erraten hätte, machte das Zeichen des heiligen Kreuzes, wodurch er mir zu erkennen gab, daß er ein guter katholischer Christ sei. – »Junger Herr, wie kommt Ihr hieher, und was macht Ihr da?« sagte er mit freundlicher Stimme und Gebärde. – »Ich bewundre«, versetzte ich, »die Arbeit dieser Pforte: denn ich habe dergleichen noch niemals gesehen; es müßte denn sein auf kleinen Stükken in den Kunstsammlungen der Liebhaber.« – »Es freut mich«, versetzte er darauf, »daß Ihr solche Arbeit liebt. Inwendig ist die Pforte noch viel schöner: tretet herein, wenn es Euch gefällt.« Mir war bei der Sache nicht ganz wohl zu Mute. Die wunderliche Kleidung des Pförtners, die Abgelegenheit und ein sonst ich weiß nicht was, das in der Luft zu liegen schien, beklemmte mich. Ich verweilte daher, unter dem Vorwande, die Außenseite noch länger zu betrachten, und blickte dabei verstohlen in den Garten: denn ein Garten war es, der sich vor mir eröffnet hatte. Gleich hinter der Pforte sah ich einen großen beschatteten Platz: alte Linden, regelmäßig von einander abstehend, bedeckten ihn völlig mit ihren dicht in einander greifenden Ästen, so daß die zahlreichsten Gesellschaften in der größten Tageshitze sich darunter hätten erquicken können. Schon war ich auf die Schwelle getreten, und der Alte wußte mich immer um einen Schritt weiter zu locken. Ich widerstand auch eigentlich nicht: denn ich hatte jederzeit gehört, daß ein Prinz oder Sultan in solchem Falle niemals fragen müsse, ob Gefahr vorhanden sei. Hatte ich doch auch meinen Degen an der Seite; und sollte ich mit dem Alten nicht fertig werden, wenn er sich feindlich erweisen wollte? Ich trat also ganz gesichert hinein; der Pförtner drückte die Türe zu, die so leise einschnappte, daß ich es kaum spürte. Nun zeigte er mir die inwendig angebrachte, wirklich noch viel kunstreichere Arbeit, legte sie mir aus, und bewies mir dabei ein besonderes Wohlwollen. Hiedurch nun völlig beruhigt, ließ ich mich in dem belaubten Raume an der Mauer, die sich ins Runde zog, weiter führen, und fand manches an ihr zu bewundern. Nischen, mit Muscheln, Korallen und Metallstufen künstlich ausgeziert, gaben aus Tritonenmäulern reichliches Wasser in marmorne Becken; dazwischen waren Vogelhäuser angebracht und andre Vergitterungen, worin Eichhörnchen herumhüpften, Meerschweinchen hin und wider liefen, und was man nur sonst von artigen Geschöpfen wünschen kann. Die Vögel riefen und sangen uns an, wie wir vorschritten; die Stare besonders schwätzten das närrischste Zeug; der eine rief immer: »Paris, Paris«, und der andre: »Narziß, Narziß«, so deutlich, als es ein Schulknabe nur aussprechen kann.

Der Alte schien mich immer ernsthaft anzusehen, indem die Vögel dieses riefen; ich tat aber nicht, als wenn ich's merkte, und hatte auch wirklich nicht Zeit, auf ihn Acht zu geben: denn ich konnte wohl gewahr werden, daß wir in die Runde gingen, und daß dieser beschattete Raum eigentlich ein großer Kreis sei, der einen andern viel bedeutendern umschließe. Wir waren auch wirklich wieder bis ans Pförtchen gelangt, und es schien, als wenn der Alte mich hinauslassen wolle; allein meine Augen blieben auf ein goldnes Gitter gerichtet, welches die Mitte dieses wunderbaren Gartens zu umzäunen schien, und das ich auf unserm Gange hinlänglich zu beobachten Gelegenheit fand, ob mich der Alte gleich immer an der Mauer und also ziemlich entfernt von der Mitte zu halten wußte. Als er nun eben auf das Pförtchen losging, sagte ich zu ihm, mit einer Verbeugung: »Ihr seid so äußerst gefällig gegen mich gewesen, daß ich wohl noch eine Bitte wagen möchte, ehe ich von Euch scheide. Dürfte ich nicht jenes goldne Gitter näher besehen, das in einem sehr weiten Kreise das Innere des Gartens einzuschließen scheint?« – »Recht gern«, versetzte jener; »aber sodann müßt Ihr Euch einigen Bedingungen unterwerfen.« – »Worin bestehen sie?« fragte ich hastig. – »Ihr müßt Euren Hut und Degen hier zurücklassen, und dürft mir nicht von der Hand, indem ich Euch begleite.« – »Herzlich gern!« erwiderte ich, und legte Hut und Degen auf die erste beste steinerne Bank. Sogleich ergriff er mit seiner Rechten meine Linke, hielt sie fest, und führte mich mit einiger Gewalt gerade vorwärts. Als wir ans Gitter kamen, verwandelte sich meine Verwunderung in Erstaunen: so etwas hatte ich nie gesehen. Auf einem hohen Sockel von Marmor standen unzählige Spieße und Partisanen neben einander gereiht, die durch ihre seltsam verzierten oberen Enden zusammenhingen und einen ganzen Kreis bildeten. Ich schaute durch die Zwischenräume, und sah gleich dahinter ein sanft fließendes Wasser, auf beiden Seiten mit Marmor eingefaßt, das in seinen klaren Tiefen eine große Anzahl von Gold- und Silberfischen sehen ließ, die sich bald sachte bald geschwind, bald einzeln bald zugweise hin und her bewegten. Nun hätte ich aber auch gern über den Kanal gesehen, um zu erfahren, wie es in dem Herzen des Gartens beschaffen sei; allein da fand ich zu meiner großen Betrübnis, daß an der Gegenseite das Wasser mit einem gleichen Gitter eingefaßt war, und zwar so künstlicher Weise, daß auf einen Zwischenraum diesseits gerade ein Spieß oder eine Partisane jenseits paßte, und man also, die übrigen Zieraten mitgerechnet, nicht hindurchsehen konnte, man mochte sich stellen, wie man wollte. Überdies hinderte mich der Alte, der mich noch immer festhielt, daß ich mich nicht frei bewegen konnte. Meine Neugier wuchs indes, nach allem, was ich gesehen, immer mehr, und ich nahm mir ein Herz, den Alten zu fragen, ob man nicht auch hinüber kommen könne. – »Warum nicht?« versetzte jener; »aber auf neue Bedingungen.« – Als ich nach diesen fragte, gab er mir zu erkennen, daß ich mich umkleiden müsse. Ich war es sehr zufrieden; er führte mich zurück nach der Mauer in einen kleinen reinlichen Saal, an dessen Wänden mancherlei Kleidungen hingen, die sich sämtlich dem orientalischen Kostüm zu nähern schienen. Ich war geschwind umgekleidet; er streifte meine gepuderten Haare unter ein buntes Netz, nachdem er sie zu meinem Entsetzen gewaltig ausgestäubt hatte. Nun fand ich mich vor einem großen Spiegel in meiner Vermummung gar hübsch, und gefiel mir besser als in meinem steifen Sonntagskleide. Ich machte einige Gebärden und Sprünge, wie ich sie von den Tänzern auf dem Meßtheater gesehen hatte. Unter diesem sah ich in den Spiegel und erblickte zufällig das Bild einer hinter mir befindlichen Nische. Auf ihrem weißen Grunde hingen drei grüne Strickchen, jedes in sich auf eine Weise verschlungen, die mir in der Ferne nicht deutlich werden wollte. Ich kehrte mich daher etwas hastig um, und fragte den Alten nach der Nische so wie nach den Strickchen. Er, ganz gefällig, holte eins herunter und zeigte es mir. Es war eine grünseidene Schnur von mäßiger Stärke, deren beide Enden, durch ein zwiefach durchschnittenes grünes Leder geschlungen, ihr das Ansehn gaben, als sei es ein Werkzeug zu einem eben nicht sehr erwünschten Gebrauch. Die Sache schien mir bedenklich, und ich fragte den Alten nach der Bedeutung. Er antwortete mir ganz gelassen und gütig: es sei dieses für diejenigen, welche das Vertrauen mißbrauchten, das man ihnen hier zu schenken bereit sei. Er hing die Schnur wieder an ihre Stelle und verlangte sogleich, daß ich ihm folgen solle: denn diesmal faßte er mich nicht an, und so ging ich frei neben ihm her.

Meine größte Neugier war nunmehr, wo die Türe, wo die Brücke sein möchte, um durch das Gitter, um über den Kanal zu kommen: denn ich hatte dergleichen bis jetzt noch nicht ausfindig machen können. Ich betrachtete daher die goldene Umzäunung sehr genau, als wir darauf zueilten; allein augenblicklich verging mir das Gesicht: denn unerwartet begannen Spieße, Speere, Hellebarden, Partisanen sich zu rütteln und zu schütteln, und diese seltsame Bewegung endigte damit, daß die sämtlichen Spitzen sich gegen einander senkten, eben als wenn zwei altertümliche, mit Piken bewaffnete Heerhaufen gegen einander losgehen wollten. Die Verwirrung fürs Auge, das Geklirr für die Ohren war kaum zu ertragen, aber unendlich überraschend der Anblick, als sie völlig niedergelassen den Kreis des Kanals bedeckten und die herrlichste Brücke bildeten, die man sich denken kann: denn nun lag das bunteste Gartenparterre vor meinem Blick. Es war in verschlungene Beete geteilt, welche zusammen betrachtet ein Labyrinth von Zieraten bildeten; alle mit grünen Einfassungen von einer niedrigen, wollig wachsenden Pflanze, die ich nie gesehen; alle mit Blumen, jede Abteilung von verschiedener Farbe, die, ebenfalls niedrig und am Boden, den vorgezeichneten Grundriß leicht verfolgen ließen. Dieser köstliche Anblick, den ich in vollem Sonnenschein genoß, fesselte ganz meine Augen; aber ich wußte fast nicht, wo ich den Fuß hinsetzen sollte: denn die schlängelnden Wege waren aufs reinlichste von blauem Sande gezogen, der einen dunklern Himmel, oder einen Himmel im Wasser, an der Erde zu bilden schien; und so ging ich, die Augen auf den Boden gerichtet, eine Zeitlang neben meinem Führer, bis ich zuletzt gewahr ward, daß in der Mitte von diesem Beeten- und Blumenrund ein großer Kreis von Zypressen oder pappelartigen Bäumen stand, durch den man nicht hindurchsehen konnte, weil die untersten Zweige aus der Erde hervorzutreiben schienen. Mein Führer, ohne mich gerade auf den nächsten Weg zu drängen, leitete mich doch unmittelbar nach jener Mitte, und wie war ich überrascht, als ich, in den Kreis der hohen Bäume tretend, die Säulenhalle eines köstlichen Gartengebäudes vor mir sah, das nach den übrigen Seiten hin ähnliche Ansichten und Eingänge zu haben schien. Noch mehr aber als dieses Muster der Baukunst entzückte mich eine himmlische Musik, die aus dem Gebäude hervordrang. Bald glaubte ich eine Laute, bald eine Harfe, bald eine Zither zu hören, und bald noch etwas Klimperndes, das keinem von diesen drei Instrumenten gemäß war. Die Pforte, auf die wir zugingen, eröffnete sich bald nach einer leisen Berührung des Alten; aber wie erstaunt war ich, als die heraustretende Pförtnerin ganz vollkommen dem niedlichen Mädchen glich, das mir im Traume auf den Fingern getanzt hatte. Sie grüßte mich auch auf eine Weise, als wenn wir schon bekannt wären, und bat mich hereinzutreten. Der Alte blieb zurück, und ich ging mit ihr durch einen gewölbten und schön verzierten kurzen Gang nach dem Mittelsaal, dessen herrliche domartige Höhe beim Eintritt meinen Blick auf sich zog und mich in Verwunderung setzte. Doch konnte mein Auge nicht lange dort verweilen, denn es ward durch ein reizenderes Schauspiel herabgelockt. Auf einem Teppich, gerade unter der Mitte der Kuppel, saßen drei Frauenzimmer im Dreieck, in drei verschiedene Farben gekleidet, die eine rot, die andre gelb, die dritte grün; die Sessel waren vergoldet, und der Teppich ein vollkommenes Blumenbeet. In ihren Armen lagen die drei Instrumente, die ich draußen hatte unterscheiden können: denn durch meine Ankunft gestört, hatten sie mit Spielen inne gehalten. – »Seid uns willkommen!« sagte die mittlere, die nämlich, welche mit dem Gesicht nach der Türe saß, im roten Kleide und mit der Harfe. »Setzt Euch zu Alerten und hört zu, wenn Ihr Liebhaber von der Musik seid.« Nun sah ich erst, daß unten quervor ein ziemlich langes Bänkchen stand, worauf eine Mandoline lag. Das artige Mädchen nahm sie auf, setzte sich und zog mich an ihre Seite. Jetzt betrachtete ich auch die zweite Dame zu meiner Rechten; sie hatte das gelbe Kleid an, und eine Zither in der Hand; und wenn jene Harfenspielerin ansehnlich von Gestalt, groß von Gesichtszügen, und in ihrem Betragen majestätisch war, so konnte man der Zitherspielerin ein leicht anmutiges heitres Wesen anmerken. Sie war eine schlanke Blondine, da jene dunkelbraunes Haar schmückte. Die Mannigfaltigkeit und Übereinstimmung ihrer Musik konnte mich nicht abhalten, nun auch die dritte Schönheit im grünen Gewande zu betrachten, deren Lautenspiel etwas Rührendes und zugleich Auffallendes für mich hatte. Sie war diejenige, die am meisten auf mich Acht zu geben und ihr Spiel an mich zu richten schien; nur konnte ich aus ihr nicht klug werden: denn sie kam mir bald zärtlich, bald wunderlich, bald offen, bald eigensinnig vor, je nachdem sie die Mienen und ihr Spiel veränderte. Bald schien sie mich rühren, bald mich necken zu wollen. Doch mochte sie sich stellen wie sie wollte, so gewann sie mir wenig ab: denn meine kleine Nachbarin, mit der ich Ellbogen an Ellbogen saß, hatte mich ganz für sich eingenommen; und wenn ich in jenen drei Damen ganz deutlich die Sylphiden meines Traums und die Farben der Äpfel erblickte, so begriff ich wohl, daß ich keine Ursache hätte, sie festzuhalten. Die artige Kleine hätte ich lieber angepackt, wenn mir nur nicht der Schlag, den sie mir im Traume versetzt hatte, gar zu erinnerlich gewesen wäre. Sie hielt sich bisher mit ihrer Mandoline ganz ruhig; als aber ihre Gebieterinnen aufgehört hatten, so befahlen sie ihr, einige lustige Stückchen zum besten zu geben. Kaum hatte sie einige Tanzmelodien gar aufregend abgeklimpert, so sprang sie in die Höhe; ich tat das gleiche. Sie spielte und tanzte; ich ward hingerissen, ihre Schritte zu begleiten, und wir führten eine Art von kleinem Ballett auf, womit die Damen zufrieden zu sein schienen: denn sobald wir geendigt, befahlen sie der Kleinen, mich derweil mit etwas Gutem zu erquicken, bis das Nachtessen herankäme. Ich hatte freilich vergessen, daß außer diesem Paradiese noch etwas anderes in der Welt wäre. Alerte führte mich sogleich in den Gang zurück, durch den ich hereingekommen war. An der Seite hatte sie zwei wohleingerichtete Zimmer; in dem einen, wo sie wohnte, setzte sie mir Orangen, Feigen, Pfirschen und Trauben vor, und ich genoß sowohl die Früchte fremder Länder, als auch die der erst kommenden Monate mit großem Appetit. Zuckerwerk war im Überfluß; auch füllte sie einen Pokal von geschliffenem Kristall mit schäumendem Wein; doch zu trinken bedurfte ich nicht, denn ich hatte mich an den Früchten hinreichend gelabt. – »Nun wollen wir spielen«, sagte sie und führte mich in das andere Zimmer. Hier sah es nun aus wie auf einem Christmarkt; aber so kostbare und feine Sachen hat man niemals in einer Weihnachtsbude gesehen. Da waren alle Arten von Puppen, Puppenkleidern und Puppengerätschaften; Küchen, Wohnstuben und Läden; und einzelne Spielsachen in Unzahl. Sie führte mich an allen Glasschränken herum: denn in solchen waren diese künstlichen Arbeiten aufbewahrt. Die ersten Schränke verschloß sie aber bald wieder und sagte: »Das ist nichts für Euch, ich weiß es wohl. Hier aber«, sagte sie, »könnten wir Baumaterialien finden, Mauern und Türme, Häuser, Paläste, Kirchen, um eine große Stadt zusammenzustellen. Das unterhält mich aber nicht; wir wollen zu etwas anderem greifen, das für Euch und mich gleich vergnüglich ist.« – Sie brachte darauf einige Kasten hervor, in denen ich kleines Kriegsvolk über einander geschichtet erblickte, von dem ich sogleich bekennen mußte, daß ich niemals so etwas Schönes gesehen hätte. Sie ließ mir die Zeit nicht, das einzelne näher zu betrachten, sondern nahm den einen Kasten unter den Arm, und ich packte den andern auf. »Wir wollen auf die goldne Brücke gehen«, sagte sie; »dort spielt sich's am besten mit Soldaten: die Spieße geben gleich die Richtung, wie man die Armeen gegen einander zu stellen hat.« Nun waren wir auf dem goldnen schwankenden Boden angelangt; unter mir hörte ich das Wasser rieseln und die Fische plätschern, indem ich niederkniete, meine Linien aufzustellen. Es war alles Reiterei, wie ich nunmehr sah. Sie rühmte sich, die Königin der Amazonen zum Führer ihres weiblichen Heeres zu besitzen; ich dagegen fand den Achill und eine sehr stattliche griechische Reiterei. Die Heere standen gegen einander, und man konnte nichts Schöneres sehen. Es waren nicht etwa flache bleierne Reiter, wie die unsrigen, sondern Mann und Pferd rund und körperlich, und auf das feinste gearbeitet; auch konnte man kaum begreifen, wie sie sich im Gleichgewicht hielten: denn sie standen für sich, ohne ein Fußbrettchen zu haben.

Wir hatten nun jedes mit großer Selbstzufriedenheit unsere Heerhaufen beschaut, als sie mir den Angriff verkündigte. Wir hatten auch Geschütz in unsern Kästen gefunden; es waren nämlich Schachteln voll kleiner wohlpolierter Achatkugeln. Mit diesen sollten wir aus einer gewissen Entfernung gegen einander kämpfen, wobei jedoch ausdrücklich bedungen war, daß nicht stärker geworfen werde, als nötig sei, die Figuren umzustürzen: denn beschädigt sollte keine werden. Wechselseitig ging nun die Kanonade los, und im Anfang wirkte sie zu unser beider Zufriedenheit. Allein als meine Gegnerin bemerkte, daß ich doch besser zielte als sie, und zuletzt den Sieg, der von der Überzahl der Stehngebliebenen abhing, gewinnen möchte, trat sie näher, und ihr mädchenhaftes Werfen hatte denn auch den erwünschten Erfolg. Sie streckte mir eine Menge meiner besten Truppen nieder, und je mehr ich protestierte, desto eifriger warf sie. Dies verdroß mich zuletzt, und ich erklärte, daß ich ein gleiches tun würde. Ich trat auch wirklich nicht allein näher heran, sondern warf im Unmut viel heftiger, da es denn nicht lange währte, als ein paar ihrer kleinen Zentaurinnen in Stücke sprangen. In ihrem Eifer bemerkte sie es nicht gleich; aber ich stand versteinert, als die zerbrochnen Figürchen sich von selbst wieder zusammenfügten, Amazone und Pferd wieder ein Ganzes, auch zugleich völlig lebendig wurden, im Galopp von der goldnen Brücke unter die Linden setzten, und, in Karriere hin und wider rennend, sich endlich gegen die Mauer, ich weiß nicht wie, verloren. Meine schöne Gegnerin war das kaum gewahr worden, als sie in ein lautes Weinen und Jammern ausbrach und rief: daß ich ihr einen unersetzlichen Verlust zugefügt, der weit größer sei, als es sich aussprechen lasse. Ich aber, der ich schon erbost war, freute mich ihr etwas zu Leide zu tun, und warf noch ein paar mir übrig gebliebene Achatkugeln blindlings mit Gewalt unter ihren Heerhaufen. Unglücklicherweise traf ich die Königin, die bisher bei unserm regelmäßigen Spiel ausgenommen gewesen. Sie sprang in Stücken, und ihre nächsten Adjutanten wurden auch zerschmettert; aber schnell stellten sie sich wieder her und nahmen Reißaus wie die ersten, galoppierten sehr lustig unter den Linden herum und verloren sich gegen die Mauer.

Meine Gegnerin schalt und schimpfte; ich aber, nun einmal im Gange, bückte mich, einige Achatkugeln aufzuheben, welche an den goldnen Spießen herumrollten. Mein ergrimmter Wunsch war, ihr ganzes Heer zu vernichten; sie dagegen, nicht faul, sprang auf mich los und gab mir eine Ohrfeige, daß mir der Kopf summte. Ich, der ich immer gehört hatte, auf die Ohrfeige eines

Mädchens gehöre ein derber Kuß, faßte sie bei den Ohren und küßte sie zu wiederholten Malen. Sie aber tat einen solchen durchdringenden Schrei, der mich selbst erschreckte; ich ließ sie fahren, und das war mein Glück: denn in dem Augenblick wußte ich nicht, wie mir geschah. Der Boden unter mir fing an zu beben und zu rasseln; ich merkte geschwind, daß sich die Gitter wieder in Bewegung setzten: allein ich hatte nicht Zeit zu überlegen, noch konnte ich Fuß fassen, um zu fliehen. Ich fürchtete jeden Augenblick gespießt zu werden: denn die Partisanen und Lanzen, die sich aufrichteten, zerschlitzten mir schon die Kleider; genug, ich weiß nicht, wie mir geschah, mir verging Hören und Sehen, und ich erholte mich aus meiner Betäubung, von meinem Schrecken am Fuß einer Linde, wider den mich das aufschnellende Gitter geworfen hatte. Mit dem Erwachen erwachte auch meine Bosheit, die sich noch heftig vermehrte, als ich von drüben die Spottworte und das Gelächter meiner Gegnerin vernahm, die an der andern Seite, etwas gelinder als ich, mochte zur Erde gekommen sein. Daher sprang ich auf, und als ich rings um mich das kleine Heer nebst seinem Anführer Achill, welche das auffahrende Gitter mit mir herüber geschnellt hatte, zerstreut sah, ergriff ich den Helden zuerst und warf ihn wider einen Baum. Seine Wiederherstellung und seine Flucht gefielen mir nun doppelt, weil sich die Schadenfreude zu dem artigsten Anblick von der Welt gesellte, und ich war im Begriff, die sämtlichen Griechen ihm nachzuschicken, als auf einmal zischende Wasser von allen Seiten her, aus Steinen und Mauern, aus Boden und Zweigen hervorsprühten, und, wo ich mich hinwendete, kreuzweise auf mich lospeitschten. Mein leichtes Gewand war in kurzer Zeit völlig durchnäßt; zerschlitzt war es schon, und ich säumte nicht, es mir ganz vom Leibe zu reißen. Die Pantoffeln warf ich von mir, und so eine Hülle nach der andern; ja ich fand es endlich bei dem warmen Tage sehr angenehm, ein solches Strahlbad über mich ergehen zu lassen. Ganz nackt schritt ich nun gravitätisch zwischen diesen willkommnen Gewässern einher, und dachte, mich lange so wohl befinden zu können. Mein Zorn verkühlte sich, und ich wünschte nichts mehr als eine Versöhnung mit meiner kleinen Gegnerin. Doch in einem Nu schnappten die Wasser ab, und ich stand nun feucht auf einem durchnäßten Boden. Die Gegenwart des alten Mannes, der unvermutet vor mich trat, war mir keineswegs willkommen; ich hätte gewünscht, mich, wo nicht verbergen, doch wenigstens verhüllen zu können. Die Beschämung, der Frostschauer, das Bestreben, mich einigermaßen zu bedekken, ließen mich eine höchst erbärmliche Figur spielen; der Alte benutzte den Augenblick, um mir die größesten Vorwürfe zu machen. »Was hindert mich«, rief er aus, »daß ich nicht eine der grünen Schnuren ergreife und sie, wo nicht Eurem Hals, doch Eurem Rükken anmesse!« Diese Drohung nahm ich höchst übel. »Hütet Euch«, rief ich aus, »vor solchen Worten, ja nur vor solchen Gedanken: denn sonst seid Ihr und Eure Gebieterinnen verloren!« – »Wer bist denn du«, fragte er trutzig, »daß du so reden darfst?« – »Ein Liebling der Götter«, sagte ich, »von dem es abhängt, ob jene Frauenzimmer würdige Gatten finden und ein glückliches Leben führen sollen, oder ob er sie will in ihrem Zauberkloster verschmachten und veralten lassen.« – Der Alte trat einige Schritte zurück. »Wer hat dir das offenbart?« fragte er erstaunt und bedenklich. – »Drei Äpfel«, sagte ich, »drei Juwelen.« – »Und was verlangst du zum Lohn?« rief er aus. – »Vor allen Dingen das kleine Geschöpf«, versetzte ich, »die mich in diesen verwünschten Zustand gebracht hat.« – Der Alte warf sich vor mir nieder, ohne sich vor der noch feuchten und schlammigen Erde zu scheuen; dann stand er auf, ohne benetzt zu sein, nahm mich freundlich bei der Hand, führte mich in jenen Saal, kleidete mich behend wieder an, und bald war ich wieder sonntägig geputzt und frisiert wie vorher. Der Pförtner sprach kein Wort weiter; aber ehe er mich über die Schwelle ließ, hielt er mich an, und deutete mir auf einige Gegenstände an der Mauer drüben über den Weg, indem er zugleich rückwärts auf das Pförtchen zeigte. Ich verstand ihn wohl; er wollte nämlich, daß ich mir die Gegenstände einprägen möchte, um das Pförtchen desto gewisser wieder zu finden, welches sich unversehens hinter mir zuschloß. Ich merkte mir nun wohl, was mir gegenüber stand. Über eine hohe Mauer ragten die Äste uralter Nußbäume herüber, und bedeckten zum Teil das Gesims, womit sie endigte. Die Zweige reichten bis an eine steinerne Tafel, deren verzierte Einfassung ich wohl erkennen, deren Inschrift ich aber nicht lesen konnte. Sie ruhte auf dem Kragstein einer Nische, in welcher ein künstlich gearbeiteter Brunnen, von Schale zu Schale, Wasser in ein großes Becken goß, das wie einen kleinen Teich bildete und sich in die Erde verlor. Brunnen, Inschrift, Nußbäume, alles stand senkrecht übereinander; ich wollte es malen, wie ich es gesehen habe.

Nun läßt sich wohl denken, wie ich diesen Abend und manchen folgenden Tag zubrachte, und wie oft ich mir diese Geschichten, die ich kaum selbst glauben konnte, wiederholte. Sobald mir's nur irgend möglich war, ging ich wieder zur »schlimmen Mauer«, um wenigstens jene Merkzeichen im Gedächtnis anzufrischen und das köstliche Pförtchen zu beschauen. Allein zu meinem größten Erstaunen fand ich alles verändert. Nußbäume ragten wohl über die Mauer, aber sie standen nicht unmittelbar neben einander. Eine Tafel war auch eingemauert, aber von den Bäumen weit rechts, ohne Verzierung, und mit einer leserlichen Inschrift. Eine Nische mit einem Brunnen findet sich weit links, der aber jenem, den ich gesehen, durchaus nicht zu vergleichen ist; so daß ich beinahe glauben muß, das zweite Abenteuer sei so gut als das erste ein Traum gewesen: denn von dem Pförtchen findet sich überhaupt gar keine Spur. Das einzige, was mich tröstet, ist die Bemerkung, daß jene drei Gegenstände stets den Ort zu verändern scheinen: denn bei wiederholtem Besuch jener Gegend glaube ich bemerkt zu haben, daß die Nußbäume etwas zusammenrücken, und daß Tafel und Brunnen sich ebenfalls zu nähern scheinen. Wahrscheinlich, wenn alles wieder zusammentrifft, wird auch die Pforte von neuem sichtbar sein, und ich werde mein mögliches tun, das Abenteuer wieder anzuknüpfen. Ob ich euch erzählen kann, was weiter begegnet, oder ob es mit ausdrücklich verboten wird, weiß ich nicht zu sagen.

Dieses Märchen, von dessen Wahrheit meine Gespielen sich leidenschaftlich zu überzeugen trachteten, erhielt großen Beifall. Sie besuchten, jeder allein, ohne es mir oder den andern zu vertrauen, den angedeuteten Ort, fanden die Nußbäume, die Tafel und den Brunnen, aber immer entfernt von einander: wie sie zuletzt bekannten, weil man in jenen Jahren nicht gern ein Geheimnis verschweigen mag. Hier ging aber der Streit erst an. Der eine versicherte: die Gegenstände rückten nicht vom Flecke und blieben immer in gleicher Entfernung unter einander. Der zweite behauptete: sie bewegten sich, aber sie entfernten sich von einander. Mit diesem war der dritte über den ersten Punkt der Bewegung einstimmig, doch schienen ihm Nußbäume, Tafel und Brunnen sich vielmehr zu nähern. Der vierte wollte noch was Merkwürdigeres gesehen haben: die Nußbäume nämlich in der Mitte, die Tafel aber und den Brunnen auf den entgegengesetzten Seiten, als ich angegeben. In Absicht auf die Spur des Pförtchens variierten sie auch. Und so gaben sie mir ein frühes Beispiel, wie die Menschen von einer ganz einfachen und leicht zu erörternden Sache die widersprechendsten Ansichten haben und behaupten können. Als ich die Fortsetzung meines Märchens hartnäckig verweigerte, ward dieser erste Teil öfters wieder begehrt. Ich hütete mich, an den Umständen viel zu verändern, und durch die Gleichförmigkeit meiner Erzählung verwandelte ich in den Gemütern meiner Zuhörer die Fabel in Wahrheit.

DIE NEUE MELUSINE

Hochverehrte Herren! Da mir bekannt ist, daß Sie vorläufige Reden und Einleitungen nicht besonders lieben, so will ich ohne weiteres versichern, daß ich diesmal vorzüglich gut zu bestehen hoffe. Von mir sind zwar schon gar manche wahrhafte Geschichten zu hoher und allseitiger Zufriedenheit ausgegangen, heute aber darf ich sagen, daß ich eine zu erzählen habe, welche die bisherigen weit übertrifft und die, wiewohl sie mir schon vor einigen Jahren begegnet ist, mich noch immer in der Erinnerung unruhig macht, ja sogar eine endliche Entwicklung hoffen läßt. Sie möchte schwerlich ihresgleichen finden.

Vorerst sei gestanden, daß ich meinen Lebenswandel nicht immer so eingerichtet, um der nächsten Zeit, ja des nächsten Tages ganz sicher zu sein. Ich war in meiner Jugend kein guter Wirt und fand mich oft in mancherlei Verlegenheit. Einst nahm ich mir eine Reise vor, die mir guten Gewinn verschaffen sollte; aber ich machte meinen Zuschnitt ein wenig zu groß, und nachdem ich sie mit Extrapost angefangen und sodann auf der ordinären eine Zeitlang fortgesetzt hatte, fand ich mich zuletzt genötigt, dem Ende derselben zu Fuße entgegenzugehen.

———

Als ein lebhafter Bursche hatte ich von jeher die Gewohnheit, sobald ich in ein Wirtshaus kam, mich nach der Wirtin oder auch nach der Köchin umzusehen und mich schmeichlerisch gegen sie zu bezeigen, wodurch denn meine Zeche meistens vermindert wurde.

Eines Abends, als ich in das Posthaus eines kleinen Städtchens trat und eben nach meiner hergebrachten Weise verfahren wollte, rasselte gleich hinter mir ein schöner zweisitziger Wagen, mit vier Pferden bespannt, an der Türe vor. Ich wendete mich um und sah ein Frauenzimmer allein, ohne Kammerfrau, ohne Bedienten. Ich eilte sogleich, ihr den Schlag zu eröffnen und zu fragen, ob sie etwas zu befehlen habe. Beim Aussteigen zeigte sich eine schöne Gestalt, und ihr liebenswürdiges Gesicht war, wenn man es näher betrachtete, mit einem kleinen Zug von Traurigkeit geschmückt. Ich fragte nochmals, ob ich ihr in etwas dienen könne. – »O ja!« sagte sie, »wenn Sie mir mit Sorgfalt das Kästchen, das auf dem Sitze steht, herausheben und hinauftragen wollen; aber ich bitte gar sehr, es recht stät zu tragen und im mindesten nicht zu bewegen oder zu rütteln.« Ich nahm das Kästchen mit Sorgfalt, sie verschloß den Kutschenschlag, wir stiegen zusammen die Treppe hinauf, und sie sagte dem Gesinde, daß sie diese Nacht hier bleiben würde.

Nun waren wir allein in dem Zimmer, sie hieß mich das Kästchen auf den Tisch setzen, der an der Wand stand, und als ich an einigen ihrer Bewegungen merkte, daß sie allein zu sein wünschte, empfahl ich mich, indem ich ihr ehrerbietig, aber feurig die Hand küßte.

»Bestellen Sie das Abendessen für uns beide«, sagte sie darauf; und es läßt sich denken, mit welchem Vergnügen ich diesen Auftrag ausrichtete, wobei ich denn zugleich in meinem Übermut Wirt, Wirtin und Gesinde kaum über die Achsel ansah. Mit Ungeduld erwartete ich den Augenblick, der mich endlich wieder zu ihr führen sollte. Es war aufgetragen, wir setzten uns gegen einander über, ich labte mich zum erstenmal seit geraumer Zeit an einem guten Essen und zugleich an einem so erwünschten Anblick; ja mir kam es vor, als wenn sie mit jeder Minute schöner würde.

Ihre Unterhaltung war angenehm, doch suchte sie alles abzulehnen, was sich auf Neigung und Liebe bezog. Es ward abgeräumt; ich zauderte, ich suchte allerlei Kunstgriffe, mich ihr zu nähern, aber vergebens: sie hielt mich durch eine gewisse Würde zurück, der ich nicht widerstehen konnte, ja ich mußte wider meinen Willen zeitig genug von ihr scheiden.

Nach einer meist durchwachten und unruhig durchträumten Nacht war ich früh auf, erkundigte mich, ob sie Pferde bestellt habe; ich hörte nein und ging in den Garten, sah sie angekleidet am Fenster stehen und eilte zu ihr hinauf. Als sie mir so schön und schöner als gestern entgegenkam, regte sich auf einmal in mir Neigung, Schalkheit und Verwegenheit; ich stürzte auf sie zu und faßte sie in meine Arme. »Englisches, unwiderstehliches Wesen!« rief ich aus: »verzeih, aber es ist unmöglich!« Mit unglaublicher Gewandtheit entzog sie sich meinen Armen, und ich hatte ihr nicht einmal einen Kuß auf die Wange drücken können. – »Halten Sie solche Ausbrüche einer plötzlichen leidenschaftlichen Neigung zurück, wenn Sie ein Glück nicht verscherzen wollen, das Ihnen sehr nahe liegt, das aber erst nach einigen Prüfungen ergriffen werden kann.«

»Fordere, was du willst, englischer Geist!« rief ich

aus, »aber bringe mich nicht zur Verzweiflung.« Sie versetzte lächelnd: »Wollen Sie sich meinem Dienste widmen, so hören Sie die Bedingungen! Ich komme hierher, eine Freundin zu besuchen, bei der ich einige Tage zu verweilen gedenke; indessen wünsche ich, daß mein Wagen und dies Kästchen weitergebracht werden. Wollen Sie es übernehmen? Sie haben dabei nichts zu tun, als das Kästchen mit Behutsamkeit in und aus dem Wagen zu heben; wenn es darin steht, sich daneben zu setzen und jede Sorge dafür zu tragen. Kommen Sie in ein Wirtshaus, so wird es auf einen Tisch gestellt, in eine besondere Stube, in der Sie weder wohnen noch schlafen dürfen. Sie verschließen die Zimmer jedesmal mit diesem Schlüssel, der alle Schlösser auf- und zuschließt und dem Schlosse die besondere Eigenschaft gibt, daß es niemand in der Zwischenzeit zu eröffnen imstande ist.«

Ich sah sie an, mir ward sonderbar zumute; ich versprach, alles zu tun, wenn ich hoffen könnte, sie bald wieder zu sehen, und wenn sie mir diese Hoffnung mit einem Kuß besiegelte. Sie tat es, und von dem Augenblick an war ich ihr ganz leibeigen geworden. Ich sollte nun die Pferde bestellen, sagte sie. Wir besprachen den Weg, den ich nehmen, die Orte, wo ich mich aufhalten und sie erwarten sollte. Sie drückte mir zuletzt einen Beutel mit Gold in die Hand, und ich meine Lippen auf ihre Hände. Sie schien gerührt beim Abschied, und ich wußte schon nicht mehr, was ich tat oder tun sollte.

Als ich von meiner Bestellung zurückkam, fand ich die Stubentür verschlossen. Ich versuchte gleich meinen Hauptschlüssel, und er machte sein Probestück vollkommen. Die Türe sprang auf, ich fand das Zimmer leer, nur das Kästchen stand auf dem Tische, wo ich es hingestellt hatte.

Der Wagen war vorgefahren, ich trug das Kästchen sorgfältig hinunter und setzte es neben mich. Die Wirtin fragte: »Wo ist denn die Dame?« Ein Kind antwortete: »Sie ist in die Stadt gegangen.« Ich begrüßte die Leute und fuhr wie im Triumph von hinnen, der ich gestern abend mit bestaubten Gamaschen hier angekommen war. Daß ich nun bei guter Muße diese Geschichte hin und her überlegte, das Geld zählte, mancherlei Entwürfe machte und immer gelegentlich nach dem Kästchen schielte, können Sie leicht denken. Ich fuhr nun stracks vor mich hin, stieg mehrere Stationen nicht aus und rastete nicht, bis ich zu einer ansehnlichen Stadt gelangt war, wohin sie mich beschieden hatte. Ihre Befehle wurden sorgfältig beobachtet, das Kästchen in ein besonderes Zimmer gestellt, und ein paar Wachslichter daneben, angezündet, wie sie auch verordnet hatte. Ich verschloß das Zimmer, richtete mich in dem meinigen ein und tat mir etwas zugute.

Eine Weile konnte ich mich mit dem Andenken an sie beschäftigen, aber gar bald wurde mir die Zeit lang. Ich war nicht gewohnt, ohne Gesellschaft zu leben; diese fand ich bald an Wirtstafeln und an öffentlichen Orten nach meinem Sinne. Mein Geld fing bei dieser Gelegenheit an zu schmelzen und verlor sich eines Abends völlig aus meinem Beutel, als ich mich unvorsichtig einem leidenschaftlichen Spiel überlassen hatte. Auf meinem Zimmer angekommen, war ich außer mir. Von Geld entblößt, mit dem Ansehen eines reichen Mannes eine tüchtige Zeche erwartend, ungewiß, ob und wann meine Schöne sich wieder zeigen würde, war ich in der größten Verlegenheit. Doppelt sehnte ich mich nach ihr und glaubte nun gar nicht mehr ohne sie und ohne ihr Geld leben zu können.

Nach dem Abendessen, das mir gar nicht geschmeckt hatte, weil ich es diesmal einsam zu genießen genötigt worden, ging ich in dem Zimmer lebhaft auf und ab, sprach mit mir selbst, verwünschte mich, warf mich auf den Boden, zerraufte mir die Haare und erzeigte mich ganz ungebärdig. Auf einmal höre ich in dem verschlossenen Zimmer nebenan eine leise Bewegung und kurz nachher an der wohlverwahrten Türe pochen. Ich raffe mich zusammen, greife nach dem Hauptschlüssel, aber die Flügeltüren springen von selbst auf, und im Schein jener brennenden Wachslichter kommt mir meine Schöne entgegen. Ich werfe mich ihr zu Füßen, küsse ihr Kleid, ihre Hände, sie hebt mich auf, ich wage nicht, sie zu umarmen, kaum sie anzusehen; doch gestehe ich ihr aufrichtig und reuig meinen Fehler. – »Er ist zu verzeihen«, sagte sie, »nur verspätet Ihr leider Euer Glück und meines. Ihr müßt nun abermals eine Strecke in die Welt hineinfahren, ehe wir uns wieder sehen. Hier ist noch mehr Gold«, sagte sie, »und hinreichend, wenn Ihr einigermaßen haushalten wollt. Hat Euch aber diesmal Wein und Spiel in Verlegenheit gesetzt, so hütet Euch nun vor Wein und Weibern und laßt mich auf ein fröhlicheres Wiedersehen hoffen.«

Sie trat über die Schwelle zurück, die Flügel schlugen zusammen, ich pochte, ich bat, aber nichts ließ sich weiter hören. Als ich den andern Morgen die Zeche verlangte, lächelte der Kellner und sagte: »So wissen wir doch, warum Ihr Eure Türen auf eine so künstliche und unbegreifliche Weise verschließt, daß kein Hauptschlüssel sie öffnen kann. Wir vermuteten bei Euch viel Geld und Kostbarkeiten; nun aber haben wir den Schatz die Treppe hinuntergehen sehn, und auf alle Weise schien er würdig, wohl verwahrt zu werden.«

Ich erwiderte nichts dagegen, zahlte meine Rechnung und stieg mit meinem Kästchen in den Wagen. Ich fuhr nun wieder in die Welt hinein mit dem festesten Vorsatz, auf die Warnung meiner geheimnisvollen Freundin künftig zu achten. Doch war ich kaum abermals in einer großen Stadt angelangt, so ward ich bald mit liebenswürdigen Frauenzimmern bekannt, von denen ich mich durchaus nicht losreißen konnte. Sie schienen mir ihre Gunst teuer anrechnen zu wollen; denn indem sie mich immer in einiger Entfernung hielten, verleiteten sie mich zu einer Ausgabe nach der andern, und da ich nur suchte, ihr Vergnügen zu befördern, dachte ich abermals nicht an meinen Beutel, sondern zahlte und spendete immerfort, so wie es eben vorkam. Wie groß war daher meine Verwunderung und mein Vergnügen, als ich nach einigen Wochen bemerkte, daß die Fülle des Beutels noch nicht abgenommen hatte, sondern daß er noch so rund und strotzend war wie anfangs. Ich wollte mich dieser schönen Eigenschaft näher versichern, setzte mich hin zu zählen, merkte mir die Summe genau und fing nun an, mit meiner Gesellschaft lustig zu leben wie vorher. Da fehlte es nicht an Land- und Wasserfahrten, an Tanz, Gesang und andern Vergnügungen. Nun bedurfte es aber keiner großen Aufmerksamkeit, um gewahr zu werden, daß der Beutel wirklich abnahm, eben als wenn ich ihm durch mein verwünschtes Zählen die Tugend, unzählbar zu sein, entwendet hätte. Indessen war das Freudenleben einmal im Gange, ich konnte nicht zurück, und doch war ich mit meiner Barschaft bald am Ende. Ich verwünschte meine Lage, schalt auf meine Freundin, die mich so in Versuchung geführt hatte, nahm es ihr übel auf, daß sie sich nicht wieder sehen lassen, sagte mich im Ärger von allen Pflichten gegen sie los und nahm mir vor, das Kästchen zu öffnen, ob vielleicht in demselben einige Hülfe zu finden sei. Denn war es gleich nicht schwer genug, um Geld zu enthalten, so konnten doch Juwelen darin sein, und auch diese wären mir sehr willkommen gewesen. Ich war im Begriff, den Vorsatz auszuführen, doch verschob ich ihn auf die Nacht, um die Operation recht ruhig vorzunehmen, und eilte zu einem Bankett, das eben angesagt war. Da ging es denn wieder hoch her, und wir waren durch Wein und Trompetenschall mächtig aufgeregt, als mir der unangenehme Streich passierte, daß beim Nachtische ein älterer Freund meiner liebsten Schönheit, von Reisen kommend, unvermutet hereintrat, sich zu ihr setzte und ohne große Umstände seine alten Rechte geltend zu machen suchte. Daraus entstand nun bald Unwille, Hader und Streit; wir zogen vom Leder, und ich ward mit mehreren Wunden halbtot nach Hause getragen.

Der Chirurgus hatte mich verbunden und verlassen, es war schon tief in der Nacht, mein Wärter eingeschlafen; die Tür des Seitenzimmers ging auf, meine geheimnisvolle Freundin trat herein und setzte sich zu mir ans Bette. Sie fragte nach meinem Befinden; ich antwortete nicht, denn ich war matt und verdrießlich. Sie fuhr fort, mit vielem Anteil zu sprechen, rieb mir die Schläfe mit einem gewissen Balsam, so daß ich mich geschwind und entschieden gestärkt fühlte, so gestärkt, daß ich mich erzürnen und sie ausschelten konnte. In einer heftigen Rede warf ich alle Schuld meines Unglücks auf sie, auf die Leidenschaft, die sie mir eingeflößt, auf ihr Erscheinen, ihr Verschwinden, auf die Langeweile, auf die Sehnsucht, die ich empfinden mußte. Ich ward immer heftiger und heftiger, als wenn mich ein Fieber anfiele, und ich schwur ihr zuletzt, daß, wenn sie nicht die Meinige sein, mir diesmal nicht angehören und sich mit mir verbinden wolle, so verlange ich nicht länger zu leben; worauf ich entschiedene Antwort forderte. Als sie zaudernd mit einer Erklärung zurückhielt, geriet ich ganz außer mir, riß den doppelten und dreifachen Verband von den Wunden, mit der entschiedenen Absicht, mich zu verbluten. Aber wie erstaunte ich, als ich meine Wunden alle geheilt, meinen Körper schmuck und glänzend und sie in meinen Armen fand.

Nun waren wir das glücklichste Paar von der Welt. Wir baten einander wechselseitig um Verzeihung und wußten selbst nicht recht warum. Sie versprach nun, mit mir weiterzureisen, und bald saßen wir nebeneinander im Wagen, das Kästchen gegen uns über, am Platze der dritten Person. Ich hatte desselben niemals gegen sie erwähnt; auch jetzt fiel mir's nicht ein, davon zu reden, ob es uns gleich vor den Augen stand und wir durch eine stillschweigende Übereinkunft beide dafür sorgten, wie es etwa die Gelegenheit geben mochte; nur daß ich es immer in und aus dem Wagen hob und mich wie vormals mit dem Verschluß der Türen beschäftigte.

Solange noch etwas im Beutel war, hatte ich immer fortbezahlt; als es mit meiner Barschaft zu Ende ging, ließ ich sie es merken. - »Dafür ist leicht Rat geschafft«, sagte sie und deutete auf ein Paar kleine Taschen, oben an der Seite des Wagens angebracht, die ich früher wohl bemerkt, aber nicht gebraucht hatte. Sie griff in die eine und zog einige Goldstücke heraus, sowie aus der andern einige Silbermünzen, und zeigte mir dadurch die Möglichkeit, jeden Aufwand, wie es uns beliebte, fortzusetzen. So reisten wir von Stadt zu Stadt, von Land zu Land, waren unter uns und mit andern froh, und ich dachte nicht daran, daß sie mich wieder verlassen könnte, um so weniger, als sie sich seit einiger Zeit entschieden guter Hoffnung befand, wodurch unsere Heiterkeit und unsere Liebe nur noch vermehrt wurde. Aber eines Morgens fand ich sie leider nicht mehr, und weil mir der Aufenthalt ohne sie verdrießlich war, machte ich mich mit meinem Kästchen wieder auf den Weg, versuchte die Kraft der beiden Taschen und fand sie noch immer bewährt.

Die Reise ging glücklich vonstatten, und wenn ich bisher über mein Abenteuer weiter nicht nachdenken mögen, weil ich eine ganz natürliche Entwickelung der wundersamen Begebenheiten erwartete, so ereignete sich doch gegenwärtig etwas, wodurch ich in Erstaunen, in Sorgen, ja in Furcht gesetzt wurde. Weil ich, um von der Stelle zu kommen, Tag und Nacht zu reisen gewohnt war, so geschah es, daß ich oft im Finstern fuhr und es in meinem Wagen, wenn die Laternen zufällig ausgingen, ganz dunkel war. Einmal bei so finsterer Nacht war ich eingeschlafen, und als ich erwachte, sah ich den Schein eines Lichtes an der Decke meines Wagens. Ich beobachtete denselben und fand, daß er aus dem Kästchen hervorbrach, das einen Riß zu haben schien, eben als wäre es durch die heiße und trockene Witterung der eingetretenen Sommerzeit gesprungen. Meine Gedanken an die Juwelen wurden wieder rege, ich vermutete, daß ein Karfunkel im Kästchen liege, und wünschte darüber Gewißheit zu haben. Ich rückte mich, so gut ich konnte, zurecht, so daß ich mit dem Auge unmittelbar den Riß berührte. Aber wie groß war mein Erstaunen, als ich in ein von Lichtern wohl erhelltes, mit viel Geschmack, ja Kostbarkeit möbliertes Zimmer hineinsah, gerade so als hätte ich durch die Öffnung eines Gewölbes in einen königlichen Saal hinabgesehen. Zwar konnte ich nur einen Teil des Raums beobachten, der mich auf das übrige schließen ließ. Ein Kaminfeuer schien zu brennen, neben welchem ein Lehnsessel stand. Ich hielt den Atem an mich und fuhr fort zu beobachten. Indem kam von der andern Seite des Saals ein Frauenzimmer mit einem Buch in den Händen, die ich sogleich für meine Frau erkannte, obschon ihr Bild nach dem allerkleinsten Maßstabe zusammengezogen war. Die Schöne setzte sich in den Sessel ans Kamin, um zu lesen, legte die Brände mit der niedlichsten Feuerzange zurecht, wobei ich deutlich bemerken konnte, das allerliebste kleine Wesen sei ebenfalls guter Hoffnung. Nun fand ich mich aber genötigt, meine unbequeme Stellung einigermaßen zu verrücken, und bald darauf, als ich wieder hineinsehen und mich überzeugen wollte, daß es kein Traum gewesen, war das Licht verschwunden, und ich blickte in eine leere Finsternis.

Wie erstaunt, ja erschrocken ich war, läßt sich begreifen. Ich machte mir tausend Gedanken über diese Entdeckung und konnte doch eigentlich nichts denken. Darüber schlief ich ein, und als ich erwachte, glaubte ich eben nur geträumt zu haben; doch fühlte ich mich von meiner Schönen einigermaßen entfremdet, und indem ich das Kästchen nur desto sorgfältiger trug, wußte ich nicht, ob ich ihre Wiedererscheinung in völliger Menschengröße wünschen oder fürchten sollte.

Nach einiger Zeit trat denn wirklich meine Schöne gegen Abend in weißem Kleide herein, und da es eben im Zimmer dämmerte, so kam sie mir länger vor, als ich sie sonst zu sehen gewohnt war, und ich erinnerte mich, gehört zu haben, daß alle vom Geschlecht der Nixen und Gnomen bei einbrechender Nacht an Länge gar merklich zunähmen. Sie flog wie gewöhnlich in meine Arme, aber ich konnte sie nicht recht frohmütig an meine beklemmte Brust drücken.

»Mein Liebster«, sagte sie, »ich fühle nun wohl an deinem Empfang, was ich leider schon weiß. Du hast mich in der Zwischenzeit gesehn; du bist von dem Zustand unterrichtet, in dem ich mich zu gewissen Zeiten befinde; dein Glück und das meinige ist hiedurch unterbrochen, ja es steht auf dem Punkte, ganz vernichtet zu werden. Ich muß dich verlassen und weiß nicht, ob ich dich jemals wiedersehen werde.« Ihre Gegenwart, die Anmut, mit der sie sprach, entfernte sogleich fast jede Erinnerung jenes Gesichtes, das mir schon bisher nur als ein Traum vorgeschwebt hatte. Ich umfing sie mit Lebhaftigkeit, überzeugte sie von meiner Leidenschaft, versicherte ihr meine Unschuld, erzählte ihr das Zufällige der Entdeckung, genug, ich tat so viel, daß sie selbst beruhigt schien und mich zu beruhigen suchte.

»Prüfe dich genau«, sagte sie, »ob diese Entdeckung deiner Liebe nicht geschadet habe, ob du vergessen kannst, daß ich in zweierlei Gestalten mich neben dir befinde, ob die Verringerung meines Wesens nicht auch deine Neigung vermindern werde.«

Ich sah sie an; schöner war sie als jemals, und ich dachte bei mir selbst: »Ist es denn ein so großes Unglück, eine Frau zu besitzen, die von Zeit zu Zeit eine Zwergin wird, so daß man sie im Kästchen herumtragen kann? Wäre es nicht viel schlimmer, wenn sie zur Riesin würde und ihren Mann in den Kasten steckte?« Meine Heiterkeit war zurückgekehrt. Ich hätte sie um alles in der Welt nicht fahren lassen. – »Bestes Herz«, versetzte ich, »laß uns bleiben und sein, wie wir gewesen sind. Könnten wir's beide denn herrlicher finden! Bediene dich deiner Bequemlichkeit, und ich verspreche dir, das Kästchen nur desto sorgfältiger zu tragen. Wie sollte das Niedlichste, was ich in meinem Leben gesehn, einen schlimmen Eindruck auf mich machen? Wie glücklich würden die Liebhaber sein, wenn sie solche Miniaturbilder besitzen könnten! Und am Ende war es auch nur ein solches Bild, eine kleine Taschenspielerei. Du prüfst und neckst mich; du sollst aber sehen, wie ich mich halten werde.«

»Die Sache ist ernsthafter, als du denkst«, sagte die Schöne; »indessen bin ich recht wohl zufrieden, daß du sie leicht nimmst: denn für uns beide kann noch immer die heiterste Folge werden. Ich will dir vertrauen und von meiner Seite das Mögliche tun, nur versprich mir, dieser Entdeckung niemals vorwurfsweise zu gedenken. Dazu füg' ich noch eine Bitte recht inständig: nimm dich vor Wein und Zorn mehr als jemals in acht.«

Ich versprach, was sie begehrte, ich hätte zu und immer zu versprochen; doch sie wendete selbst das Gespräch, und alles war im vorigen Gleise. Wir hatten nicht Ursache, den Ort unseres Aufenthaltes zu verändern; die Stadt war groß, die Gesellschaft vielfach, die Jahreszeit veranlaßte manches Land- und Gartenfest.

Bei allen solchen Freuden war meine Frau sehr gern gesehn, ja von Männern und Frauen lebhaft verlangt. Ein gutes, einschmeichelndes Betragen, mit einer gewissen Hoheit verknüpft, machte sie jedermann lieb und ehrenwert. Überdies spielte sie herrlich die Laute und sang dazu, und alle geselligen Nächte mußten durch ihr Talent gekrönt werden.

Ich will nur gestehen, daß ich mir aus der Musik niemals viel habe machen können, ja sie hatte vielmehr auf mich eine unangenehme Wirkung. Meine Schöne, die mir das bald abgemerkt hatte, suchte mich daher niemals, wenn wir allein waren, auf diese Weise zu unterhalten; dagegen schien sie sich in Gesellschaft zu entschädigen, wo sie denn gewöhnlich eine Menge Bewunderer fand.

Und nun, warum sollte ich es leugnen, unsere letzte Unterredung, ungeachtet meines besten Willens, war doch nicht vermögend gewesen, die Sache ganz bei mir abzutun; vielmehr hatte sich meine Empfindungsweise gar seltsam gestimmt, ohne daß ich es mir vollkommen bewußt gewesen wäre. Da brach eines Abends in großer Gesellschaft der verhaltene Unmut los, und mir entsprang daraus der allergrößte Nachteil.

Wenn ich es jetzt recht bedenke, so liebte ich nach jener unglücklichen Entdeckung meine Schönheit viel weniger, und nun ward ich eifersüchtig auf sie, was mir vorher gar nicht eingefallen war. Abends bei Tafel, wo wir schräg gegen einander über in ziemlicher Entfernung saßen, befand ich mich sehr wohl mit meinen beiden Nachbarinnen, ein paar Frauenzimmern, die mir seit einiger Zeit reizend geschienen hatten. Unter Scherz- und Liebesreden sparte man des Weines nicht, indessen von der andern Seite ein paar Musikfreunde sich meiner Frau bemächtigt hatten und die Gesellschaft zu Gesängen, einzelnen und chormäßigen, aufzumuntern und anzuführen wußten. Darüber fiel ich in böse Laune; die beiden Kunstliebhaber schienen zudringlich; der Gesang machte mich ärgerlich, und als man gar von mir auch eine Solostrophe begehrte, so wurde ich wirklich aufgebracht, leerte den Becher und setzte ihn sehr unsanft nieder.

Durch die Anmut meiner Nachbarinnen fühlte ich mich sogleich zwar wieder gemildert, aber es ist eine böse Sache um den Ärger, wenn er einmal auf dem Wege ist. Er kochte heimlich fort, obgleich alles mich hätte sollen zur Freude, zur Nachgiebigkeit stimmen.

Im Gegenteil wurde ich nur noch tückischer, als man eine Laute brachte und meine Schöne ihren Gesang zur Bewunderung aller übrigen begleitete. Unglücklicherweise erbat man sich eine allgemeine Stille. Also auch schwatzen sollte ich nicht mehr, und die Töne taten mir in den Zähnen weh. War es nun ein Wunder, daß endlich der kleinste Funke die Mine zündete?

Eben hatte die Sängerin ein Lied unter dem größten Beifall geendigt, als sie nach mir, und wahrlich recht liebevoll, herübersah. Leider drangen die Blicke nicht bei mir ein. Sie bemerkte, daß ich einen Becher Wein hinunterschlang und einen neu anfüllte. Mit dem rechten Zeigefinger winkte sie mir lieblich drohend. »Bedenken Sie, daß es Wein ist!« sagte sie, nicht lauter, als daß ich es hören konnte. – »Wasser ist für die Nixen!« rief ich aus. – »Meine Damen«, sagte sie zu meinen Nachbarinnen, »kränzen Sie den Becher mit aller Anmut, daß er nicht zu oft leer werde.« – »Sie werden sich doch nicht meistern lassen!« zischelte mir die eine ins Ohr. – »Was will der Zwerg?« rief ich aus, mich heftiger gebärdend, wodurch ich den Becher umstieß. – »Hier ist viel verschüttet!« rief die Wunderschöne, tat einen Griff in die Saiten, als wolle sie die Aufmerksamkeit der Gesellschaft aus dieser Störung wieder auf sich heranziehen. Es gelang ihr wirklich, um so mehr, als sie aufstand, aber nur, als wenn sie sich das Spiel bequemer machen wollte, und zu präludieren fortfuhr.

Als ich den roten Wein über das Tischtuch fließen sah, kam ich wieder zu mir selbst. Ich erkannte den großen Fehler, den ich begangen hatte, und war recht innerlich zerknirscht. Zum erstenmal sprach die Musik mich an. Die erste Strophe, die sie sang, war ein freundlicher Abschied an die Gesellschaft, wie sie sich noch zusammen fühlen konnte. Bei der folgenden Strophe floß die Sozietät gleichsam auseinander, jeder fühlte sich einzeln, abgesondert, niemand glaubte sich mehr gegenwärtig. Aber was soll ich denn von der letzten Strophe sagen? Sie war allein an mich gerichtet, die Stimme der gekränkten Liebe, die von Unmut und Übermut Abschied nimmt.

Stumm führte ich sie nach Hause und erwartete mir nichts Gutes. Doch kaum waren wir in unserm Zimmer angelangt, als sie sich höchst freundlich und anmutig, ja sogar schalkhaft erwies und mich zum glücklichsten aller Menschen machte.

Des andern Morgens sagte ich ganz getrost und liebevoll: »Du hast so manchmal, durch gute Gesellschaft aufgefordert, gesungen, so zum Beispiel gestern abend das rührende Abschiedslied; singe nun auch einmal mir zuliebe ein hübsches, fröhliches Willkommen in dieser Morgenstunde, damit es uns werde, als wenn wir uns zum erstenmal kennen lernten.«

»Das vermag ich nicht, mein Freund«, versetzte sie mit Ernst. »Das Lied von gestern abend bezog sich auf unsere Scheidung, die nun sogleich vor sich gehen muß: denn ich kann dir nur sagen, die Beleidigung gegen Versprechen und Schwur hat für uns beide die schlimmsten Folgen; du verscherzest ein großes Glück, und auch ich muß meinen liebsten Wünschen entsagen.«

Als ich nun hierauf in sie drang und bat, sie möchte sich näher erklären, versetzte sie: »Das kann ich leider wohl, denn es ist doch um mein Bleiben bei dir getan. Vernimm also, was ich dir lieber bis in die spätesten Zeiten verborgen hätte. Die Gestalt, in der du mich im Kästchen erblicktest, ist mir wirklich angeboren und natürlich; denn ich bin aus dem Stamm des Königs Eckwald, des mächtigen Fürsten der Zwerge, von dem die wahrhafte Geschichte so vieles meldet. Unser Volk ist noch immer wie vor alters tätig und geschäftig und auch daher leicht zu regieren. Du mußt dir aber nicht vorstellen, daß die Zwerge in ihren Arbeiten zurückgeblieben sind. Sonst waren Schwerter, die den Feind verfolgten, wenn man sie ihm nachwarf, unsichtbar und geheimnisvoll bindende Ketten, undurchdringliche Schilder und dergleichen ihre berühmtesten Arbeiten. Jetzt aber beschäftigen sie sich hauptsächlich mit Sachen der Bequemlichkeit und des Putzes und übertreffen darin alle andern Völker der Erde. Du würdest erstaunen, wenn du unsere Werkstätten und Warenlager hindurchgehen solltest. Dies wäre nun alles gut, wenn nicht bei der ganzen Nation überhaupt, vorzüglich aber bei der königlichen Familie, ein besonderer Umstand einträte.«

Da sie einen Augenblick innehielt, ersuchte ich sie um fernere Eröffnung dieser wundersamen Geheimnisse, worin sie mir denn auch sogleich willfahrte.

»Es ist bekannt«, sagte sie, »daß Gott, sobald er die Welt erschaffen hatte, so daß alles Erdreich trocken war und das Gebirg mächtig und herrlich dastand, daß Gott, sage ich, sogleich vor allen Dingen die Zwerglein erschuf, damit auch vernünftige Wesen wären, welche seine Wunder im Innern der Erde auf Gängen und Klüften anstaunen und verehren könnten. Ferner ist bekannt, daß dieses kleine Geschlecht sich nachmals erhoben und sich die Herrschaft der Erde anzumaßen gedacht, weshalb denn Gott die Drachen erschaffen, um das Gezwerge ins Gebirg zurückzudrängen. Weil aber die Drachen sich in den großen Höhlen und Spalten selbst einzunisten und dort zu wohnen pflegten, auch viele derselben Feuer spieen und manch anderes Wüste begingen, so wurde dadurch den Zwerglein gar große Not und Kummer bereitet, dergestalt, daß sie nicht mehr wußten, wo aus noch ein, und sich daher zu Gott dem Herrn gar demütiglich und flehentlich wendeten, auch ihn im Gebet anriefen, er möchte doch dieses unsaubere Drachenvolk wieder vertilgen. Ob er nun aber gleich nach seiner Weisheit sein Geschöpf zu zerstören nicht beschließen mochte, so ging ihm doch der armen Zwerglein große Not dermaßen zu Herzen, daß er alsobald die Riesen erschuf, welche die Drachen bekämpfen und, wo nicht ausrotten, doch wenigstens vermindern sollten.

Als nun aber die Riesen so ziemlich mit den Drachen fertig geworden, stieg ihnen gleichfalls der Mut und Dünkel, weswegen sie gar manches Frevele, besonders auch gegen die guten Zwerglein, verübten, welche denn abermals in ihrer Not sich zu dem Herrn wandten, der sodann aus seiner Machtgewalt die Ritter schuf, welche die Riesen und Drachen bekämpfen und mit den Zwerglein in guter Eintracht leben sollten. Damit war denn das Schöpfungswerk von dieser Seite beschlossen, und es findet sich, daß nachher Riesen und Drachen sowie die Ritter und Zwerge immer zusammengehalten haben. Daraus kannst du nun ersehen, mein Freund, daß wir von dem ältesten Geschlecht der Welt sind, welches uns zwar zu Ehren gereicht, doch aber auch großen Nachteil mit sich führt.

Da nämlich auf der Welt nichts ewig bestehen kann, sondern alles, was einmal groß gewesen, klein werden und abnehmen muß, so sind auch wir in dem Falle, daß wir seit Erschaffung der Welt immer abnehmen und kleiner werden, vor allen andern aber die königliche Familie, welche wegen ihres reinen Blutes diesem Schicksal am ersten unterworfen ist. Deshalb haben unsere weisen Meister schon vor vielen Jahren den Ausweg erdacht, daß von Zeit zu Zeit eine Prinzessin aus dem königlichen Hause heraus ins Land gesendet werde, um sich mit einem ehrsamen Ritter zu vermählen, damit das Zwergengeschlecht wieder angefrischt und vom gänzlichen Verfall gerettet sei.«

Indessen meine Schöne diese Worte ganz treuherzig vorbrachte, sah ich sie bedenklich an, weil es schien, als ob sie Lust habe, mir etwas aufzubinden. Was ihre niedliche Herkunft betraf, daran hatte ich weiter keinen Zweifel; aber daß sie mich anstatt eines Ritters ergriffen hatte, das machte mir einiges Mißtrauen, indem ich mich denn doch zu wohl kannte, als daß ich hätte glauben sollen, meine Vorfahren seien von Gott unmittelbar erschaffen worden.

Ich verbarg Verwunderung und Zweifel und fragte sie freundlich: »Aber sage mir, mein liebes Kind, wie kommst du zu dieser großen und ansehnlichen Gestalt? denn ich kenne wenig Frauen, die sich dir an prächtiger Bildung vergleichen können.« – »Das sollst du erfahren«, versetzte meine Schöne. »Es ist von jeher im Rat der Zwergenkönige hergebracht, daß man sich so lange als möglich vor jedem außerordentlichen Schritt in acht nehme, welches ich denn auch ganz natürlich und billig finde. Man hätte vielleicht noch lange gezaudert, eine Prinzessin wieder einmal in das Land zu senden, wenn nicht mein nachgeborner Bruder so klein ausgefallen wäre, daß ihn die Wärterinnen sogar aus den Windeln verloren haben und man nicht weiß, wo er hingekommen ist. Bei diesem in den Jahrbüchern des Zwergenreichs ganz unerhörten Falle versammelte man die Weisen, und kurz und gut, der Entschluß ward gefaßt, mich auf die Freite zu schicken.«

»Der Entschluß!« rief ich aus; »das ist wohl alles schön und gut. Man kann sich entschließen, man kann etwas beschließen; aber einem Zwerglein diese Göttergestalt zu geben, wie haben eure Weisen dies zustande gebracht?«

»Es war auch schon«, sagte sie, »von unsern Ahnherren vorgesehen. In dem königlichen Schatze lag ein ungeheurer goldner Fingerring. Ich spreche jetzt von ihm, wie er mir vorkam, da er mir, als einem Kinde, ehemals an seinem Orte gezeigt wurde: denn es ist derselbe, den ich hier am Finger habe; und nun ging man folgendergestalt zu Werke. Man unterrichtete mich von allem, was bevorstehe, und belehrte mich, was ich zu tun und zu lassen habe.

Ein köstlicher Palast, nach dem Muster des liebsten Sommeraufenthalts meiner Eltern, wurde verfertigt: ein Hauptgebäude, Seitenflügel und was man nur wünschen kann. Er stand am Eingang einer großen Felskluft und verzierte sie aufs beste. An dem bestimmten Tage zog der Hof dorthin und meine Eltern mit mir. Die Armee paradierte, und vierundzwanzig Priester trugen auf einer köstlichen Bahre, nicht ohne Beschwerlichkeit, den wundervollen Ring. Er ward an die Schwelle des Gebäudes gelegt, gleich innerhalb, wo man über sie hinübertritt. Manche Zeremonien wurden begangen, und nach einem herzlichen Abschiede schritt ich zum Werke. Ich trat hinzu, legte die Hand an den Ring und fing sogleich merklich zu wachsen an. In wenig Augenblicken war ich zu meiner gegenwärtigen Größe gelangt, worauf ich den Ring sogleich an den Finger steckte. Nun im Nu verschlossen sich Fenster, Türen und Tore, die Seitenflügel zogen sich ins Hauptgebäude zurück, statt des Palastes stand ein Kästchen neben mir, das ich sogleich aufhob und mit mir forttrug, nicht ohne ein angenehmes Gefühl, so groß und so stark zu sein, zwar immer noch ein Zwerg gegen Bäume und Berge, gegen Ströme wie gegen Landstrecken, aber doch immer schon ein Riese gegen Gras und Kräuter, besonders aber gegen die Ameisen, mit denen wir Zwerge nicht immer in gutem Verhältnis stehen und deswegen oft gewaltig von ihnen geplagt werden.

Wie es mir auf meiner Wallfahrt erging, ehe ich dich fand, davon hätte ich viel zu erzählen. Genug, ich prüfte manchen, aber niemand als du schien mir wert, den Stamm des herrlichen Eckwald zu erneuern und zu verewigen.«

Bei allen diesen Erzählungen wackelte mir mitunter der Kopf, ohne daß ich ihn gerade geschüttelt hätte. Ich tat verschiedene Fragen, worauf ich aber keine sonderlichen Antworten erhielt, vielmehr zu meiner größten Betrübnis erfuhr, daß sie nach dem, was begegnet, notwendig zu ihren Eltern zurückkehren müsse. Sie hoffe zwar, wieder zu mir zu kommen, doch jetzt habe sie sich unvermeidlich zu stellen, weil sonst für sie so wie für mich alles verloren wäre. Die Beutel würden bald aufhören zu zahlen, und was sonst noch alles daraus entstehen könnte.

Da ich hörte, daß uns das Geld ausgehen dürfte, fragte ich nicht weiter, was sonst noch geschehen möchte. Ich zuckte die Achseln, ich schwieg, und sie schien mich zu verstehen.

Wir packten zusammen und setzten uns in den Wagen, das Kästchen gegen uns über, dem ich aber noch nichts von einem Palast ansehen konnte. So ging es mehrere Stationen fort. Postgeld und Trinkgeld wurden aus den Täschchen rechts und links bequem und reichlich bezahlt, bis wir endlich in eine gebirgige Gegend gelangten und kaum abgestiegen waren, als meine Schöne vorausging und ich auf ihr Geheiß mit dem Kästchen folgte. Sie führte mich auf ziemlich steilen Pfaden zu einem engen Wiesengrund, durch welchen sich eine klare Quelle bald stürzte, bald ruhig laufend schlängelte. Da zeigte sie mir eine erhöhte Fläche, hieß mich das Kästchen niedersetzen und sagte: »Lebe wohl: du findest den Weg gar leicht zurück; gedenke mein, ich hoffe, dich wiederzusehen.«

In diesem Augenblick war mir's, als wenn ich sie nicht verlassen könnte. Sie hatte gerade wieder ihren schönen Tag oder, wenn ihr wollt, ihre schöne Stunde. Mit einem so lieblichen Wesen allein, auf grüner Matte, zwischen Gras und Blumen, von Felsen beschränkt, von Wasser umrauscht, welches Herz wäre da wohl fühllos geblieben! Ich wollte sie bei der Hand fassen, sie umarmen, aber sie stieß mich zurück und bedrohte mich, obwohl noch immer liebreich genug, mit großer Gefahr, wenn ich mich nicht sogleich entfernte.

»Ist denn gar keine Möglichkeit«, rief ich aus, »daß ich bei dir bleibe, daß du mich bei dir behalten könntest?« Ich begleitete diese Worte mit so jämmerlichen Gebärden und Tönen, daß sie gerührt schien und nach einigem Bedenken mir gestand, eine Fortdauer unserer Verbindung sei nicht ganz unmöglich. Wer war glücklicher als ich. Meine Zudringlichkeit, die immer lebhafter ward, nötigte sie endlich, mit der Sprache herauszurücken und mir zu entdecken, daß, wenn ich mich entschlösse, mit ihr so klein zu werden, als ich sie schon gesehen, so könnte ich auch jetzt bei ihr bleiben, in ihre Wohnung, in ihr Reich, zu ihrer Familie mit übertreten. Dieser Vorschlag gefiel mir nicht ganz, doch konnte ich mich einmal in diesem Augenblick nicht von ihr losreißen, und ans Wunderbare seit geraumer Zeit schon gewöhnt, zu raschen Entschlüssen aufgelegt, schlug ich ein und sagte, sie möchte mit mir machen, was sie wolle.

Sogleich mußte ich den kleinen Finger meiner rechten Hand ausstrecken, sie stützte den ihrigen dagegen, zog mit der linken Hand den goldnen Ring ganz leise sich ab und ließ ihn herüber an meinen Finger laufen. Kaum war dies geschehen, so fühlte ich einen gewaltigen Schmerz am Finger, der Ring zog sich zusammen und folterte mich entsetzlich. Ich tat einen gewaltigen

Schrei und griff unwillkürlich um mich her nach meiner Schönen, die aber verschwunden war. Wie mir indessen zumute gewesen, dafür wüßte ich keinen Ausdruck zu finden, auch bleibt mir nichts übrig zu sagen, als daß ich mich sehr bald in kleiner, niedriger Person neben meiner Schönen in einem Walde von Grashalmen befand. Die Freude des Wiedersehens nach einer kurzen und doch so seltsamen Trennung, oder, wenn ihr wollt, einer Wiedervereinigung ohne Trennung, übersteigt alle Begriffe. Ich fiel ihr um den Hals, sie erwiderte meine Liebkosungen, und das kleine Paar fühlte sich so glücklich als das große.

Mit einiger Unbequemlichkeit stiegen wir nunmehr an einem Hügel hinauf; denn die Matte war für uns beinah ein undurchdringlicher Wald geworden. Doch gelangten wir endlich auf eine Blöße, und wie erstaunt war ich, dort eine große, geregelte Masse zu sehen, die ich doch bald für das Kästchen, in dem Zustand, wie ich es hingesetzt hatte, wieder erkennen mußte.

»Gehe hin, mein Freund, und klopfe mit dem Ringe nur an, du wirst Wunder sehen«, sagte meine Geliebte. Ich trat hinzu und hatte kaum angepocht, so erlebte ich wirklich das größte Wunder. Zwei Seitenflügel bewegten sich hervor, und zugleich fielen wie Schuppen und Späne verschiedene Teile herunter, da mir denn Türen, Fenster, Säulengänge und alles, was zu einem vollständigen Palaste gehört, auf einmal zu Gesichte kamen.

Wer einen künstlichen Schreibtisch von Röntgen gesehen hat, wo mit einem Zug viele Federn und Ressorts in Bewegung kommen, Pult und Schreibzeug,

Brief- und Geldfächer sich auf einmal oder kurz nacheinander entwickeln, der wird sich eine Vorstellung machen können, wie sich jener Palast entfaltete, in welchen mich meine süße Begleiterin nunmehr hineinzog. In dem Hauptsaal erkannte ich sogleich das Kamin, das ich ehemals von oben gesehen, und den Sessel, worauf sie gesessen. Und als ich über mich blickte, glaubte ich wirklich noch etwas von dem Sprunge in der Kuppel zu bemerken, durch den ich hereingeschaut hatte. Ich verschone euch mit Beschreibung des übrigen; genug, alles war geräumig, köstlich und geschmackvoll. Kaum hatte ich mich von meiner Verwunderung erholt, als ich von fern eine militärische Musik vernahm. Meine schöne Hälfte sprang vor Freuden auf und verkündigte mir mit Entzücken die Ankunft ihres Herrn Vaters. Hier traten wir unter die Türe und schauten, wie aus einer ansehnlichen Felskluft ein glänzender Zug sich bewegte. Soldaten, Bediente, Hausoffizianten und ein glänzender Hofstaat folgten hintereinander. Endlich erblickte man ein goldnes Gedränge und in demselben den König selbst. Als der ganze Zug vor dem Palast aufgestellt war, trat der König mit seiner nächsten Umgebung heran. Seine zärtliche Tochter eilte ihm entgegen, sie riß mich mit sich fort, wir warfen uns ihm zu Füßen, er hob mich sehr gnädig auf, und als ich vor ihn zu stehen kam, bemerkte ich erst, daß ich freilich in dieser kleinen Welt die ansehnlichste Statur hatte. Wir gingen zusammen nach dem Palaste, da mich der König in Gegenwart seines ganzen Hofes mit einer wohlstudierten Rede, worin er seine Überraschung, uns hier zu finden, ausdrückte, zu bewillkommnen geruhte, mich als seinen Schwiegersohn erkannte und die Trauungszeremonie auf morgen ansetzte.

Wie schrecklich ward mir auf einmal zumute, als ich von Heirat reden hörte: denn ich fürchtete mich bisher davor fast mehr als vor der Musik selbst, die mir doch sonst das Verhaßteste auf Erden schien. Diejenigen, die Musik machen, pflegte ich zu sagen, stehen doch wenigstens in der Einbildung, untereinander einig zu sein und in Übereinstimmung zu wirken: denn wenn sie lange genug gestimmt und uns die Ohren mit allerlei Mißtönen zerrissen haben, so glauben sie steif und fest, die Sache sei nunmehr aufs reine gebracht und ein Instrument passe genau zum andern. Der Kapellmeister selbst ist in diesem glücklichen Wahn, und nun geht es freudig los, unterdes uns andern immerfort die Ohren gellen. Bei dem Ehestand hingegen ist dies nicht einmal der Fall: denn ob er gleich nur ein Duett ist und man doch denken sollte, zwei Stimmen, ja zwei Instrumente müßten einigermaßen überein gestimmt werden können, so trifft es doch selten zu; denn wenn der Mann einen Ton angibt, so nimmt ihn die Frau gleich höher und der Mann wieder höher; da geht es denn aus dem Kammer- in den Chorton und immer so weiter hinauf, daß zuletzt die blasenden Instrumente selbst nicht folgen können. Und also, da mir die harmonische Musik zuwider bleibt, so ist mir noch weniger zu verdenken, daß ich die disharmonische gar nicht leiden kann.

Von allen Festlichkeiten, worunter der Tag hinging, mag und kann ich nicht erzählen: denn ich achtete gar wenig darauf. Das kostbare Essen, der köstliche Wein, nichts wollte mir schmecken. Ich sann und überlegte, was ich zu tun hätte. Doch da war nicht viel auszusinnen. Ich entschloß mich, als es Nacht wurde, kurz und gut, auf und davon zu gehen und mich irgendwo zu verbergen. Auch gelangte ich glücklich zu einer Steinritze, in die ich mich hineinzwängte und so gut als möglich verbarg. Mein erstes Bemühen darauf war, den unglücklichen Ring vom Finger zu schaffen, welches jedoch mir keineswegs gelingen wollte, vielmehr mußte ich fühlen, daß er immer enger ward, sobald ich ihn abzuziehen gedachte, worüber ich heftige Schmerzen litt, die aber sogleich nachließen, sobald ich von meinem Vorhaben abstand.

Frühmorgens wach' ich auf – denn meine kleine Person hatte sehr gut geschlafen – und wollte mich eben weiter umsehen, als es über mir wie zu regnen anfing. Es fiel nämlich durch Gras, Blätter und Blumen wie Sand und Grus in Menge herunter; allein wie entsetzte ich mich, als alles um mich her lebendig ward und ein unendliches Ameisenheer über mich niederstürzte. Kaum wurden sie mich gewahr, als sie mich von allen Seiten angriffen und, ob ich mich gleich wacker und mutig genug verteidigte, doch zuletzt auf solche Weise zudeckten, kneipten und peinigten, daß ich froh war, als ich mir zurufen hörte, ich solle mich ergeben. Ich ergab mich wirklich und gleich, worauf denn eine Ameise von ansehnlicher Statur sich mit Höflichkeit, ja mit Ehrfurcht näherte und sich sogar meiner Gunst empfahl. Ich vernahm, daß die Ameisen Alliierte meines Schwiegervaters geworden und daß er sie im gegenwärtigen Fall aufgerufen und verpflichtet, mich herbeizuschaffen. Nun war ich Kleiner in den Händen von noch Kleinern. Ich sah der Trauung entgegen und mußte noch Gott danken, wenn mein Schwiegervater nicht zürnte, wenn meine Schöne nicht verdrießlich geworden.

Laßt mich nun von allen Zeremonien schweigen; genug, wir waren verheiratet. So lustig und munter es jedoch bei uns herging, so fanden sich dessenungeachtet einsame Stunden, in denen man zum Nachdenken verleitet wird, und mir begegnete, was mir noch niemals begegnet war; was aber und wie, das sollt ihr vernehmen.

Alles um mich her war meiner gegenwärtigen Gestalt und meinen Bedürfnissen völlig gemäß, die Flaschen und Becher einem kleinen Trinker wohl proportioniert, ja, wenn man will, verhältnismäßig besseres Maß als bei uns. Meinem kleinen Gaumen schmeckten die zarten Bissen vortrefflich, ein Kuß von dem Mündchen meiner Gattin war gar zu reizend, und ich leugne nicht, die Neuheit machte mir alle diese Verhältnisse höchst angenehm. Dabei hatte ich jedoch leider meinen vorigen Zustand nicht vergessen. Ich empfand in mir einen Maßstab voriger Größe, welches mich unruhig und unglücklich machte. Nun begriff ich zum erstenmal, was die Philosophen unter ihren Idealen verstehen möchten, wodurch die Menschen so gequält sein sollen. Ich hatte ein Ideal von mir selbst und erschien mir manchmal im Traum wie ein Riese. Genug, die Frau, der Ring, die Zwergenfigur, so viele andere Bande machten mich ganz und gar unglücklich, daß ich auf meine Befreiung im Ernst zu denken begann.

Weil ich überzeugt war, daß der ganze Zauber in dem Ring verborgen liege, so beschloß ich, ihn abzufeilen. Ich entwendete deshalb dem Hofjuwelier einige Feilen. Glücklicherweise war ich links, und ich hatte in meinem Leben niemals etwas rechts gemacht. Ich hielt mich tapfer an die Arbeit; sie war nicht gering: denn das goldne Reifchen, so dünn es aussah, war in dem Verhältnis dichter geworden, als es sich aus seiner ersten Größe zusammengezogen hatte. Alle freien Stunden wendete ich unbeobachtet an dieses Geschäft und war klug genug, als das Metall bald durchgefeilt war, vor die Türe zu treten. Das war mir geraten: denn auf einmal sprang der goldne Reif mit Gewalt vom Finger, und meine Figur schoß mit solcher Heftigkeit in die Höhe, daß ich wirklich an den Himmel zu stoßen glaubte und auf alle Fälle die Kuppel unseres Sommerpalastes durchgestoßen, ja das ganze Sommergebäude durch meine frische Unbehülflichkeit zerstört haben würde.

Da stand ich nun wieder, freilich um so vieles größer, allein, wie mir vorkam, auch um vieles dümmer und unbehülflicher. Und als ich mich aus meiner Betäubung erholt, sah ich die Schatulle neben mir stehen, die ich ziemlich schwer fand, als ich sie aufhob und den Fußpfad hinunter nach der Station trug, wo ich denn gleich einspannen und fortfahren ließ. Unterwegs machte ich sogleich den Versuch mit den Täschchen an beiden Seiten. An der Stelle des Geldes, welches ausgegangen schien, fand ich ein Schlüsselchen; es gehörte zur Schatulle, in welcher ich einen ziemlichen Ersatz fand. Solange das vorhielt, bediente ich mich des Wagens;

nachher wurde dieser verkauft, um mich auf dem Post-
wagen fortzubringen. Die Schatulle schlug ich zuletzt
los, weil ich immer dachte, sie sollte sich noch einmal
füllen, und so kam ich denn endlich, obgleich durch einen ziemlichen Umweg, wieder an den Herd zur Köchin, wo ihr mich zuerst habt kennen lernen.

DAS MÄRCHEN

An dem großen Flusse, der eben von einem starken Regen geschwollen und übergetreten war, lag in seiner kleinen Hütte, müde von der Anstrengung des Tages, der alte Fährmann und schlief. Mitten in der Nacht weckten ihn einige laute Stimmen; er hörte, daß Reisende übergesetzt sein wollten.

Als er vor die Tür hinaustrat, sah er zwei große Irrlichter über dem angebundenen Kahne schweben, die ihm versicherten, daß sie große Eile hätten und schon an jenem Ufer zu sein wünschten. Der Alte säumte nicht, stieß ab und fuhr mit seiner gewöhnlichen Geschicklichkeit quer über den Strom, indes die Fremden in einer unbekannten, sehr behenden Sprache gegeneinander zischten und mitunter in ein lautes Gelächter ausbrachen, indem sie bald auf den Rändern und Bänken, bald auf dem Boden des Kahns hin und wider hüpften.

»Der Kahn schwankt!« rief der Alte; »und wenn ihr so unruhig seid, kann er umschlagen; setzt euch, ihr Lichter!«

Sie brachen über diese Zumutung in ein großes Gelächter aus, verspotteten den Alten und waren noch unruhiger als vorher. Er trug ihre Unarten mit Geduld und stieß bald am jenseitigen Ufer an.

»Hier ist für Eure Mühe!« riefen die Reisenden, und es fielen, indem sie sich schüttelten, viele glänzende Goldstücke in den feuchten Kahn. »Ums Himmels willen, was macht ihr?« rief der Alte. »Ihr bringt mich ins

60

größte Unglück! Wäre ein Goldstück ins Wasser gefallen, so würde der Strom, der dies Metall nicht leiden kann, sich in entsetzliche Wellen erhoben, das Schiff und mich verschlungen haben. Und wer weiß, wie es euch gegangen sein würde; nehmt euer Geld wieder zu euch!«

»Wir können nichts wieder zu uns nehmen, was wir abgeschüttelt haben,« versetzten jene.

»So macht ihr mir noch die Mühe,« sagte der Alte, indem er sich bückte und die Goldstücke in seine Mütze las, »daß ich sie zusammensuchen, ans Land tragen und vergraben muß.«

Die Irrlichter waren aus dem Kahne gesprungen, und der Alte rief: »Wo bleibt nun mein Lohn?«

»Wer kein Gold nimmt, mag umsonst arbeiten!« riefen die Irrlichter. – »Ihr müßt wissen, daß man mich nur mit Früchten der Erde bezahlen kann.« – »Mit Früchten der Erde? Wir verschmähen sie und haben sie nie genossen.« – »Und doch kann ich euch nicht loslassen, bis ihr mir versprecht, daß ihr mir drei Kohlhäupter, drei Artischocken und drei große Zwiebeln liefert.«

Die Irrlichter wollten scherzend davonschlüpfen, allein sie fühlten sich auf eine unbegreifliche Weise an den Boden gefesselt; es war die unangenehmste Empfindung, die sie jemals gehabt hatten. Sie versprachen, seine Forderung nächstens zu befriedigen; er entließ sie und stieß ab. Er war schon weit hinweg, als sie ihm nachriefen: »Alter! hört, Alter! wir haben das Wichtigste vergessen!« Er war fort und hörte sie nicht. Er hatte sich an derselben Seite den Fluß hinabtreiben lassen, wo er in einer gebirgigten Gegend, die das Wasser niemals erreichen konnte, das gefährliche Gold verscharren wollte. Dort fand er zwischen hohen Felsen eine ungeheure Kluft, schüttete es hinein und fuhr nach seiner Hütte zurück.

In dieser Kluft befand sich die schöne grüne Schlange, die durch die herabklingende Münze aus ihrem Schlafe geweckt wurde. Sie ersah kaum die leuchtenden Scheiben, als sie solche auf der Stelle mit großer Begierde verschlang und alle Stücke, die sich in dem Gebüsch und zwischen den Felsritzen zerstreut hatten, sorgfältig aufsuchte.

Kaum waren sie verschlungen, so fühlte sie mit der angenehmsten Empfindung das Gold in ihren Eingeweiden schmelzen und sich durch ihren ganzen Körper ausbreiten, und zur größten Freude bemerkte sie, daß sie durchsichtig und leuchtend geworden war. Lange hatte man ihr schon versichert, daß diese Erscheinung möglich sei; weil sie aber zweifelhaft war, ob dieses Licht lange dauern könne, so trieb sie die Neugierde und der Wunsch, sich für die Zukunft sicherzustellen, aus dem Felsen heraus, um zu untersuchen, wer das schöne Gold hereingestreut haben könnte. Sie fand niemanden. Desto angenehmer war es ihr, sich selbst, da sie zwischen Kräutern und Gesträuchen hinkroch, und ihr anmutiges Licht, das sie durch das frische Grün verbreitete, zu bewundern. Alle Blätter schienen von Smaragd, alle Blumen auf das herrlichste verklärt. Vergebens durchstrich sie die einsame Wildnis; desto mehr aber wuchs ihre Hoffnung, als sie auf die Fläche kam und von weitem einen Glanz, der dem ihrigen ähnlich war, erblickte. »Find ich doch endlich meinesgleichen!« rief sie aus und eilte nach der Gegend zu. Sie achtete nicht die Beschwerlichkeit, durch Sumpf und Rohr zu kriechen; denn ob sie gleich auf trocknen Bergwiesen, in hohen Felsritzen am liebsten lebte, gewürzhafte Kräuter gerne genoß und mit zartem Tau und frischem Quellwasser ihren Durst gewöhnlich stillte, so hätte sie doch des lieben Goldes willen und in Hoffnung des herrlichen Lichtes alles unternommen, was man ihr auferlegte.

Sehr ermüdet gelangte sie endlich zu einem feuchten Ried, wo unsere beiden Irrlichter hin und wider spielten. Sie schoß auf sie los, begrüßte sie und freute sich, so angenehme Herren von ihrer Verwandtschaft zu finden. Die Lichter strichen an ihr her, hüpften über sie weg und lachten nach ihrer Weise. »Frau Muhme,« sagten sie, »wenn Sie schon von der horizontalen Linie sind, so hat das doch nichts zu bedeuten; freilich sind wir nur von seiten des Scheins verwandt, denn sehen Sie nur« – hier machten beide Flammen, indem sie ihre ganze Breite aufopferten, sich so lang und spitz als möglich –, »wie schön uns Herren von der vertikalen Linie diese schlanke Länge kleidet! Nehmen Sie's uns nicht übel, meine Freundin, welche Familie kann sich des rühmen? Solang es Irrlichter gibt, hat noch keins weder gesessen noch gelegen.«

Die Schlange fühlte sich in der Gegenwart dieser Verwandten sehr unbehaglich; denn sie mochte den Kopf so hoch heben, als sie wollte, so fühlte sie doch, daß sie ihn wieder zur Erde biegen mußte, um von der Stelle zu kommen, und hatte sie sich vorher im dunkeln Hain außerordentlich wohlgefallen, so schien ihr

Glanz in Gegenwart dieser Vettern sich jeden Augenblick zu vermindern, ja sie fürchtete, daß er endlich gar verlöschen werde.

In dieser Verlegenheit fragte sie eilig, ob die Herren ihr nicht etwa Nachricht geben könnten, wo das glänzende Gold herkomme, das vor kurzem in die Felskluft gefallen sei; sie vermute, es sei ein Goldregen, der unmittelbar vom Himmel träufle. Die Irrlichter lachten und schüttelten sich, und es sprangen eine große Menge Goldstücke um sie herum. Die Schlange fuhr schnell darnach, sie zu verschlingen. »Laßt es Euch schmekken, Frau Muhme,« sagten die artigen Herren; »wir können noch mit mehr aufwarten.« Sie schüttelten sich noch einige Male mit großer Behendigkeit, so daß die Schlange kaum die kostbare Speise schnell genug hinunterbringen konnte. Sichtlich fing ihr Schein an zu wachsen, und sie leuchtete wirklich aufs herrlichste, indes die Irrlichter ziemlich mager und klein geworden waren, ohne jedoch von ihrer guten Laune das mindeste zu verlieren.

»Ich bin euch auf ewig verbunden,« sagte die Schlange, nachdem sie von ihrer Mahlzeit wieder zu Atem gekommen war; »fordert von mir, was ihr wollt; was in meinen Kräften ist, will ich euch leisten.«

»Recht schön!« riefen die Irrlichter; »sage, wo wohnt die schöne Lilie? Führ uns so schnell als möglich zum Palaste und Garten der schönen Lilie, wir sterben vor Ungeduld, uns ihr zu Füßen zu werfen.«

»Diesen Dienst«, versetzte die Schlange mit einem tiefen Seufzer, »kann ich euch sogleich nicht leisten. Die schöne Lilie wohnt leider jenseit des Wassers.« –

»Jenseit des Wassers! Und wir lassen uns in dieser stürmischen Nacht übersetzen! Wie grausam ist der Fluß, der uns nun scheidet! Sollte es nicht möglich sein, den Alten wieder zu errufen?«

»Sie würden sich vergebens bemühen,« versetzte die Schlange; »denn wenn Sie ihn auch selbst an dem diesseitigen Ufer anträfen, so würde er Sie nicht einnehmen; er darf jedermann herüber-, niemand hinüberbringen.« – »Da haben wir uns schön gebettet! Gibt es denn kein ander Mittel, über das Wasser zu kommen?« – »Noch einige, nur nicht in diesem Augenblick. Ich selbst kann die Herren übersetzen, aber erst in der Mittagsstunde.« – »Das ist eine Zeit, in der wir nicht gerne reisen.« – »So können Sie abends auf dem Schatten des Riesen hinüberfahren.« – »Wie geht das zu?« – »Der große Riese, der nicht weit von hier wohnt, vermag mit seinem Körper nichts, seine Hände heben keinen Strohhalm, seine Schultern würden kein Reisbündel tragen; aber sein Schatten vermag viel, ja alles. Deswegen ist er beim Aufgang und Untergang der Sonne am mächtigsten, und so darf man sich abends nur auf den Nacken seines Schattens setzen, der Riese geht alsdann sachte gegen das Ufer zu, und der Schatten bringt den Wanderer über das Wasser hinüber. Wollen Sie aber um Mittagszeit sich an jener Waldecke einfinden, wo das Gebüsch dicht ans Ufer stößt, so kann ich Sie übersetzen und der schönen Lilie vorstellen; scheuen Sie hingegen die Mittagshitze, so dürfen Sie nur gegen Abend in jener Felsenbucht den Riesen aufsuchen, der sich gewiß recht gefällig zeigen wird.«

Mit einer leichten Verbeugung entfernten sich die

jungen Herren, und die Schlange war zufrieden, von ihnen loszukommen, teils um sich in ihrem eignen Lichte zu erfreuen, teils eine Neugierde zu befriedigen, von der sie schon lange auf eine sonderbare Weise gequält ward.

In den Felsklüften, in denen sie oft hin und wider kroch, hatte sie an einem Orte eine seltsame Entdekkung gemacht. Denn ob sie gleich durch diese Abgründe ohne ein Licht zu kriechen genötigt war, so konnte sie doch durchs Gefühl die Gegenstände recht wohl unterscheiden. Nur unregelmäßige Naturprodukte war sie gewohnt überall zu finden; bald schlang sie sich zwischen den Zacken großer Kristalle hindurch, bald fühlte sie die Haken und Haare des gediegenen Silbers und brachte ein und den andern Edelstein mit sich ans Licht hervor. Doch hatte sie zu ihrer großen Verwunderung in einem ringsum verschlossenen Felsen Gegenstände gefühlt, welche die bildende Hand des Menschen verrieten. Glatte Wände, an denen sie nicht aufsteigen konnte, scharfe, regelmäßige Kanten, wohlgebildete Säulen und, was ihr am sonderbarsten vorkam, menschliche Figuren, um die sie sich mehrmals geschlungen hatte und die sie für Erz oder äußerst polierten Marmor halten mußte. Alle diese Erfahrungen wünschte sie noch zuletzt durch den Sinn des Auges zusammenzufassen und das, was sie nur mutmaßte, zu bestätigen. Sie glaubte sich nun fähig, durch ihr eigenes Licht dieses wunderbare unterirdische Gewölbe zu erleuchten, und hoffte auf einmal mit diesen sonderbaren Gegenständen völlig bekannt zu werden. Sie eilte und fand auf dem gewohnten Wege bald

66

die Ritze, durch die sie in das Heiligtum zu schleichen pflegte.

Als sie sich am Orte befand, sah sie sich mit Neugier um, und obgleich ihr Schein alle Gegenstände der Rotonde nicht erleuchten konnte, so wurden ihr doch die nächsten deutlich genug. Mit Erstaunen und Ehrfurcht sah sie in eine glänzende Nische hinauf, in welcher das Bildnis eines ehrwürdigen Königs in lauterm Golde aufgestellt war. Dem Maß nach war die Bildsäule über Menschengröße, der Gestalt nach aber das Bildnis eher eines kleinen als eines großen Mannes. Sein wohlgebildeter Körper war mit einem einfachen Mantel umgeben, und ein Eichenkranz hielt seine Haare zusammen.

Kaum hatte die Schlange dieses ehrwürdige Bildnis angeblickt, als der König zu reden anfing und fragte: »Wo kommst du her?« – »Aus den Klüften,« versetzte die Schlange, »in denen das Gold wohnt.« – »Was ist herrlicher als Gold?« fragte der König. »Das Licht,« antwortete die Schlange. »Was ist erquicklicher als Licht?« fragte jener. »Das Gespräch,« antwortete diese.

Sie hatte unter diesen Reden beiseite geschielt und in der nächsten Nische ein anderes herrliches Bild gesehen. In derselben saß ein silberner König von langer und eher schmächtiger Gestalt; sein Körper war mit einem verzierten Gewande überdeckt, Krone, Gürtel und Zepter mit Edelsteinen geschmückt; er hatte die Heiterkeit des Stolzes in seinem Angesichte und schien eben reden zu wollen, als an der marmornen Wand eine Ader, die dunkelfarbig hindurchlief, auf einmal hell ward und ein angenehmes Licht durch den ganzen Tempel verbreitete. Bei diesem Lichte sah die Schlange den dritten König, der von Erz in mächtiger Gestalt dasaß, sich auf seine Keule lehnte, mit einem Lorbeerkranze geschmückt war und eher einem Felsen als einem Menschen glich. Sie wollte sich nach dem vierten umsehen, der in der größten Entfernung von ihr stand, aber die Mauer öffnete sich, indem die erleuchtete Ader wie ein Blitz zuckte und verschwand.

Ein Mann von mittlerer Größe, der heraustrat, zog die Aufmerksamkeit der Schlange auf sich. Er war als ein Bauer gekleidet und trug eine kleine Lampe in der Hand, in deren stille Flamme man gerne hineinsah und die auf eine wunderbare Weise, ohne auch nur einen Schatten zu werfen, den ganzen Dom erhellte.

»Warum kommst du, da wir Licht haben?« fragte der goldene König. – »Ihr wißt, daß ich das Dunkle nicht erleuchten darf.« – »Endigt sich mein Reich?« fragte der silberne König. »Spät oder nie,« versetzte der Alte.

Mit einer starken Stimme fing der eherne König an zu fragen: »Wann werde ich aufstehn?« – »Bald.« versetzte der Alte. »Mit wem soll ich mich verbinden?« fragte der König. »Mit deinen ältern Brüdern,« sagte der Alte. »Was wird aus dem jüngsten werden?« fragte der König. »Er wird sich setzen,« sagte der Alte.

»Ich bin nicht müde.« rief der vierte König mit einer rauhen, stotternden Stimme.

Die Schlange war, indessen jene redeten, in dem Tempel leise herumgeschlichen, hatte alles betrachtet und besah nunmehr den vierten König in der Nähe. Er stand an eine Säule gelehnt, und seine ansehnliche Gestalt war eher schwerfällig als schön. Allein das Metall, woraus er gegossen war, konnte man nicht leicht unter-

68

scheiden. Genau betrachtet war es eine Mischung der drei Metalle, aus denen seine Brüder gebildet waren. Aber beim Gusse schienen diese Materien nicht recht zusammengeschmolzen zu sein; goldne und silberne Adern liefen unregelmäßig durch eine eherne Masse hindurch und gaben dem Bilde ein unangenehmes Ansehn.

Indessen sagte der goldne König zum Manne: »Wieviel Geheimnisse weißt du?« – »Drei,« versetzte der Alte. »Welches ist das wichtigste?« fragte der silberne König. »Das offenbare,« versetzte der Alte. »Willst du es auch uns eröffnen?« fragte der eherne. »Sobald ich das vierte weiß,« sagte der Alte. »Was kümmerts mich!« murmelte der zusammengesetzte König vor sich hin.

»Ich weiß das vierte,« sagte die Schlange, näherte sich dem Alten und zischte ihm etwas ins Ohr. »Es ist an der Zeit!« rief der Alte mit gewaltiger Stimme. Der Tempel schallte wider, die metallenen Bildsäulen klangen, und in dem Augenblicke versank der Alte nach Westen und die Schlange nach Osten, und jedes durchstrich mit großer Schnelle die Klüfte der Felsen.

Alle Gänge, durch die der Alte hindurchwandelte, füllten sich hinter ihm sogleich mit Gold; denn seine Lampe hatte die wunderbare Eigenschaft, alle Steine in Gold, alles Holz in Silber, tote Tiere in Edelsteine zu verwandeln und alle Metalle zu zernichten. Diese Wirkung zu äußern, mußte sie aber ganz allein leuchten. Wenn ein ander Licht neben ihr war, wirkte sie nur einen schönen, hellen Schein, und alles Lebendige ward immer durch sie erquickt.

Der Alte trat in seine Hütte, die an dem Berge ange-
bauet war, und fand sein Weib in der größten Betrübnis. Sie saß am Feuer und weinte und konnte sich nicht
zufrieden geben. »Wie unglücklich bin ich!« rief sie aus;
»wollt ich dich heute doch nicht fortlassen!« – »Was gibt
es denn?« fragte der Alte ganz ruhig.

»Kaum bist du weg,« sagte sie mit Schluchzen, »so
kommen zwei ungestüme Wanderer vor die Türe; unvorsichtig lasse ich sie herein, es schienen ein paar artige, rechtliche Leute; sie waren in leichte Flammen gekleidet, man hätte sie für Irrlichter halten können.
Kaum sind sie im Hause, so fangen sie an, auf eine un-
verschämte Weise mir mit Worten zu schmeicheln, und
werden so zudringlich, daß ich mich schäme, daran zu
denken.«

»Nun,« versetzte der Mann lächelnd, »die Herren haben wohl gescherzt; denn deinem Alter nach sollten sie
es wohl bei der allgemeinen Höflichkeit gelassen haben.«

»Was Alter! Alter!« rief die Frau; »soll ich immer von
meinem Alter hören? Wie alt bin ich denn? Gemeine
Höflichkeit! Ich weiß doch, was ich weiß. Und sieh dich
nur um, wie die Wände aussehen; sieh nur die alten
Steine, die ich seit hundert Jahren nicht mehr gesehen
habe: alles Gold haben sie heruntergeleckt, du glaubst
nicht mit welcher Behendigkeit, und sie versicherten
immer, es schmecke viel besser als gemeines Gold. Als
sie die Wände rein gefegt hatten, schienen sie sehr gutes Mutes, und gewiß, sie waren auch in kurzer Zeit
sehr viel größer, breiter und glänzender geworden.
Nun fingen sie ihren Mutwillen von neuem an, strei-

chelten mich wieder, hießen mich ihre Königin, schüttelten sich, und eine Menge Goldstücke sprangen herum; du siehst noch, wie sie dort unter der Bank leuchten. Aber welch ein Unglück! unser Mops fraß einige davon, und sieh, da liegt er am Kamine tot; das arme Tier! ich kann mich nicht zufrieden geben. Ich sah es erst, da sie fort waren, denn sonst hätte ich nicht versprochen, ihre Schuld beim Fährmann abzutragen.« – »Was sind sie schuldig?« fragte der Alte. »Drei Kohlhäupter,« sagte die Frau, »drei Artischocken und drei Zwiebeln; wenn es Tag wird, habe ich versprochen, sie an den Fluß zu tragen.«

»Du kannst ihnen den Gefallen tun,« sagte der Alte; »denn sie werden uns gelegentlich auch wieder dienen.«

»Ob sie uns dienen werden, weiß ich nicht; aber versprochen und beteuert haben sie es.«

Indessen war das Feuer im Kamine zusammengebrannt, der Alte überzog die Kohlen mit vieler Asche, schaffte die leuchtenden Goldstücke beiseite, und nun leuchtete sein Lämpchen wieder allein in dem schönsten Glanze, die Mauern überzogen sich mit Gold, und der Mops war zu dem schönsten Onyx geworden, den man sich denken konnte. Die Abwechselung der braunen und schwarzen Farbe des kostbaren Gesteins machte ihn zum seltensten Kunstwerke.

»Nimm deinen Korb«, sagte der Alte, »und stelle den Onyx hinein; alsdann nimm die drei Kohlhäupter, die drei Artischocken und die drei Zwiebeln, lege sie umher und trage sie zum Flusse! Gegen Mittag laß dich von der Schlange übersetzen und besuche die schöne

Lilie, bring ihr den Onyx! Sie wird ihn durch ihre Berührung lebendig machen, wie sie alles Lebendige durch ihre Berührung tötet; sie wird einen treuen Gefährten an ihm haben. Sage ihr, sie solle nicht trauern, ihre Erlösung sei nahe, das größte Unglück könne sie als das größte Glück betrachten, denn es sei an der Zeit.«

Die Alte packte ihren Korb und machte sich, als es Tag war, auf den Weg. Die aufgehende Sonne schien hell über den Fluß herüber, der in der Ferne glänzte; das Weib ging mit langsamem Schritt, denn der Korb drückte sie aufs Haupt, und es war doch nicht der Onyx, der so lastete. Alles Tote, was sie trug, fühlte sie nicht; vielmehr hob sich alsdann der Korb in die Höhe und schwebte über ihrem Haupte. Aber ein frisches Gemüs oder ein kleines, lebendiges Tier zu tragen, war ihr äußerst beschwerlich. Verdrießlich war sie eine Zeitlang hingegangen, als sie auf einmal, erschreckt, stille stand; denn sie hätte beinahe auf den Schatten des Riesen getreten, der sich über die Ebene bis zu ihr hin erstreckte. Und nun sah sie erst den gewaltigen Riesen, der sich im Fluß gebadet hatte, aus dem Wasser heraussteigen, und sie wußte nicht, wie sie ihm ausweichen sollte. Sobald er sie gewahr ward, fing er an, sie scherzhaft zu begrüßen, und die Hände seines Schattens griffen sogleich in den Korb. Mit Leichtigkeit und Geschicklichkeit nahmen sie ein Kohlhaupt, eine Artischocke und eine Zwiebel heraus und brachten sie dem Riesen zum Munde, der sodann weiter den Fluß hinauf ging und dem Weibe den Weg frei ließ.

Sie bedachte, ob sie nicht lieber zurückgehen und die

fehlenden Stücke aus ihrem Garten wiederersetzen sollte, und ging unter diesen Zweifeln immer weiter vorwärts, so daß sie bald an dem Ufer des Flusses ankam. Lange saß sie in Erwartung des Fährmanns, den sie endlich mit einem sonderbaren Reisenden herüberschiffen sah. Ein junger, edler, schöner Mann, den sie nicht genug ansehen konnte, stieg aus dem Kahne.

»Was bringt Ihr?« rief der Alte. »Es ist das Gemüse, das Euch die Irrlichter schuldig sind,« versetzte die Frau und wies ihre Ware hin. Als der Alte von jeder Sorte nur zwei fand, ward er verdrießlich und versicherte, daß er sie nicht annehmen könne. Die Frau bat ihn inständig, erzählte ihm, daß sie jetzt nicht nach Hause gehen könne und daß ihr die Last auf dem Wege, den sie vor sich habe, beschwerlich sei. Er blieb bei seiner abschläglichen Antwort, indem er ihr versicherte, daß es nicht einmal von ihm abhange. »Was mir gebührt, muß ich neun Stunden zusammen lassen, und ich darf nichts annehmen, bis ich dem Fluß ein Dritteil übergeben habe.« Nach vielem Hin- und Widerreden versetzte endlich der Alte: »Es ist noch ein Mittel. Wenn Ihr Euch gegen den Fluß verbürgt und Euch als Schuldnerin bekennen wollt, so nehm ich die sechs Stücke zu mir; es ist aber einige Gefahr dabei.« – »Wenn ich mein Wort halte, so laufe ich doch keine Gefahr?« – »Nicht die geringste. Steckt Eure Hand in den Fluß«, fuhr der Alte fort, »und versprecht, daß Ihr in vierundzwanzig Stunden die Schuld abtragen wollt.«

Die Alte tats; aber wie erschrak sie nicht, als sie ihre Hand kohlschwarz wieder aus dem Wasser zog. Sie schalt heftig auf den Alten, versicherte, daß ihre Hände immer das Schönste an ihr gewesen wären und daß sie ungeachtet der harten Arbeit diese edlen Glieder weiß und zierlich zu erhalten gewußt habe. Sie besah die Hand mit großem Verdrusse und rief verzweiflungsvoll aus: »Das ist noch schlimmer! Ich sehe, sie ist gar geschwunden, sie ist viel kleiner als die andere.«

»Jetzt scheint es nur so,« sagte der Alte; »wenn Ihr aber nicht Wort haltet, kann es wahr werden. Die Hand wird nach und nach schwinden und endlich ganz verschwinden, ohne daß Ihr den Gebrauch derselben entbehrt. Ihr werdet alles damit verrichten können, nur daß sie niemand sehen wird.« – »Ich wollte lieber, ich könnte sie nicht brauchen und man säh mirs nicht an,« sagte die Alte; »indessen hat das nichts zu bedeuten, ich werde mein Wort halten, um diese schwarze Haut und diese Sorge bald loszuwerden.« Eilig nahm sie darauf den Korb, der sich von selbst über ihren Scheitel erhob und frei in die Höhe schwebte, und eilte dem jungen Manne nach, der sachte und in Gedanken am Ufer hinging. Seine herrliche Gestalt und sein sonderbarer Anzug hatten sich der Alten tief eingedruckt.

Seine Brust war mit einem glänzenden Harnisch bedeckt, durch den alle Teile seines schönen Leibes sich durchbewegten. Um seine Schultern hing ein Purpurmantel, um sein unbedecktes Haupt wallten braune Haare in schönen Locken; sein holdes Gesicht war den Strahlen der Sonne ausgesetzt, so wie seine schöngebauten Füße. Mit nackten Sohlen ging er gelassen über den heißen Sand hin, und ein tiefer Schmerz schien alle äußeren Eindrücke abzustumpfen.

Die gesprächige Alte suchte ihn zu einer Unterredung zu bringen; allein er gab ihr mit kurzen Worten wenig Bescheid, so daß sie endlich ungeachtet seiner schönen Augen müde ward, ihn immer vergebens anzureden, von ihm Abschied nahm und sagte: »Ihr geht mir zu langsam, mein Herr; ich darf den Augenblick nicht versäumen, um über die grüne Schlange den Fluß zu passieren und der schönen Lilie das vortreffliche Geschenk von meinem Manne zu überbringen.« Mit diesen Worten schritt sie eilends fort, und ebenso schnell ermannte sich der schöne Jüngling und eilte ihr auf dem Fuße nach. »Ihr geht zur schönen Lilie!« rief er aus; »da gehen wir Einen Weg. Was ist das für ein Geschenk, das Ihr tragt?«

»Mein Herr,« versetzte die Frau dagegen, »es ist nicht billig, nachdem Ihr meine Fragen so einsilbig abgelehnt habt, Euch mit solcher Lebhaftigkeit nach meinen Geheimnissen zu erkundigen. Wollt Ihr aber einen Tausch eingehen und mir Eure Schicksale erzählen, so will ich Euch nicht verbergen, wie es mit mir und meinem Geschenke steht.« Sie wurden bald einig; die Frau vertraute ihm ihre Verhältnisse, die Geschichte des Hundes, und ließ ihn dabei das wundervolle Geschenk betrachten.

Er hob sogleich das natürliche Kunstwerk aus dem Korbe und nahm den Mops, der sanft zu ruhen schien, in seine Arme. »Glückliches Tier!« rief er aus; »du wirst von ihren Händen berührt, du wirst von ihr belebt werden, anstatt daß Lebendige vor ihr fliehen, um nicht ein trauriges Schicksal zu erfahren. Doch was sage ich ›traurig‹! Ist es nicht viel betrübter und bänglicher, durch ihre Gegenwart gelähmt zu werden, als es sein würde, von ihrer Hand zu sterben? Sieh mich an!« sagte er zu der Alten; »in meinen Jahren, welch einen elenden Zustand muß ich erdulden! Diesen Harnisch, den ich mit Ehren im Kriege getragen, diesen Purpur, den ich durch eine weise Regierung zu verdienen suchte, hat mir das Schicksal gelassen, jenen als eine unnötige Last, diesen als eine unbedeutende Zierde. Krone, Zepter und Schwert sind hinweg; ich bin übrigens so nackt und bedürftig als jeder andere Erdensohn, denn so unselig wirken ihre schönen blauen Augen, daß sie allen lebendigen Wesen ihre Kraft nehmen und daß diejenigen, die ihre berührende Hand nicht tötet, sich in den Zustand lebendig wandelnder Schatten versetzt fühlen.«

So fuhr er fort zu klagen und befriedigte die Neugierde der Alten keineswegs, welche nicht sowohl von seinem innern als von seinem äußern Zustande unterrichtet sein wollte. Sie erfuhr weder den Namen seines Vaters noch seines Königreichs. Er streichelte den harten Mops, den die Sonnenstrahlen und der warme Busen des Jünglings, als wenn er lebte, erwärmt hatten. Er fragte viel nach dem Mann mit der Lampe, nach den Wirkungen des heiligen Lichtes und schien sich davon für seinen traurigen Zustand künftig viel Gutes zu versprechen.

Unter diesen Gesprächen sahen sie von ferne den majestätischen Bogen der Brücke, der von einem Ufer zum andern hinüberreichte, im Glanz der Sonne auf das wunderbarste schimmern. Beide erstaunten, denn sie hatten dieses Gebäude noch nie so herrlich gesehen. »Wie!« rief der Prinz; »war sie nicht schon schön genug, als sie vor unsern Augen wie von Jaspis und Prasem gebaut dastand? Muß man nicht fürchten, sie zu betreten, da sie aus Smaragd, Chrysopras und Chrysolith mit der anmutigsten Mannigfaltigkeit zusammengesetzt erscheint?« Beide wußten nicht die Veränderung, die mit der Schlange vorgegangen war: denn die Schlange war es, die sich jeden Mittag über den Fluß hinüberbäumte und in Gestalt einer kühnen Brücke dastand. Die Wanderer betraten sie mit Ehrfurcht und gingen schweigend hinüber.

Sie waren kaum am jenseitigen Ufer, als die Brücke sich zu schwingen und zu bewegen anfing, in kurzem die Oberfläche des Wassers berührte und die grüne Schlange in ihrer eigentümlichen Gestalt den Wanderern auf dem Lande nachgleitete. Beide hatten kaum für die Erlaubnis, auf ihrem Rücken über den Fluß zu setzen, gedankt, als sie bemerkten, daß außer ihnen dreien noch mehrere Personen in der Gesellschaft sein müßten, die sie jedoch mit ihren Augen nicht erblicken konnten. Sie hörten neben sich ein Gezisch, dem die Schlange gleichfalls mit einem Gezisch antwortete; sie horchten auf und konnten endlich folgendes vernehmen: »Wir werden«, sagten ein paar wechselnde Stimmen, »uns erst inkognito in dem Park der schönen Lilie umsehen und ersuchen Euch, uns mit Anbruch der Nacht, sobald wir nur irgend präsentabel sind, der vollkommenen Schönheit vorzustellen. An dem Rande des großen Sees werdet Ihr uns antreffen.« – »Es bleibt dabei,« antwortete die Schlange, und ein zischender Laut verlor sich in der Luft.

Unsere drei Wanderer beredeten sich nunmehr, in

welcher Ordnung sie bei der Schönen vortreten wollten; denn soviel Personen auch um sie sein konnten, so durften sie doch nur einzeln kommen und gehen, wenn sie nicht empfindliche Schmerzen erdulden sollten.

Das Weib mit dem verwandelten Hunde im Korbe nahte sich zuerst dem Garten und suchte ihre Gönnerin auf, die leicht zu finden war, weil sie eben zur Harfe sang; die lieblichen Töne zeigten sich erst als Ringe auf der Oberfläche des stillen Sees, dann wie ein leichter Hauch setzten sie Gras und Büsche in Bewegung. Auf einem eingeschlossenen grünen Platze, in dem Schatten einer herrlichen Gruppe mannigfaltiger Bäume saß sie und bezauberte beim ersten Anblick aufs neue die Augen, das Ohr und das Herz des Weibes, das sich ihr mit Entzücken näherte und bei sich selbst schwur, die Schöne sei während ihrer Abwesenheit nur immer schöner geworden. Schon von weitem rief die gute Frau dem liebenswürdigsten Mädchen Gruß und Lob zu: »Welch ein Glück, Euch anzusehen, welch einen Himmel verbreitet Eure Gegenwart um Euch her! Wie die Harfe so reizend in Eurem Schoße lehnt, wie Eure Arme sie so sanft umgeben, wie sie sich nach Eurer Brust zu sehnen scheint und wie sie unter der Berührung Eurer schlanken Finger so zärtlich klingt! Dreifach glücklicher Jüngling, der du ihren Platz einnehmen konntest!«

Unter diesen Worten war sie näher gekommen; die schöne Lilie schlug die Augen auf, ließ die Hände sinken und versetzte: »Betrübe mich nicht durch ein unzeitiges Lob, ich empfinde nur desto stärker mein Unglück. Sieh, hier zu meinen Füßen liegt der arme Kanarienvogel tot, der sonst meine Lieder auf das angenehmste begleitete. Er war gewöhnt, auf meiner Harfe zu sitzen und, sorgfältig abgerichtet, mich nicht zu berühren. Heute, indem ich vom Schlaf erquickt ein ruhiges Morgenlied anstimme und mein kleiner Sänger munterer als jemals seine harmonischen Töne hören läßt, schießt ein Habicht über meinem Haupte hin; das arme kleine Tier, erschrocken, flüchtet in meinen Busen, und in dem Augenblick fühl ich die letzten Zuckungen seines scheidenden Lebens. Zwar von meinem Blicke getroffen, schleicht der Räuber dort ohnmächtig am Wasser hin, aber was kann mir seine Strafe helfen, mein Liebling ist tot, und sein Grab wird nur das traurige Gebüsch meines Gartens vermehren.«

»Ermannt Euch, schöne Lilie!« rief die Frau, indem sie selbst eine Träne abtrocknete, welche ihr die Erzählung des unglücklichen Mädchens aus den Augen gelockt hatte; »nehmt Euch zusammen, mein Alter läßt Euch sagen, Ihr sollt Eure Trauer mäßigen, das größte Unglück als Vorbote des größten Glücks ansehen; denn es sei an der Zeit. Und wahrhaftig,« fuhr die Alte fort, »es geht bunt in der Welt zu. Seht nur meine Hand, wie sie schwarz geworden ist! Wahrhaftig, sie ist schon um vieles kleiner, ich muß eilen, eh sie gar verschwindet! Warum mußt ich den Irrlichtern eine Gefälligkeit erzeigen, warum mußt ich dem Riesen begegnen und warum meine Hand in den Fluß tauchen? Könnt Ihr mir nicht ein Kohlhaupt, eine Artischocke und eine Zwiebel geben? so bring ich sie dem Flusse, und meine Hand ist weiß wie vorher, so daß ich sie fast neben die Eurige halten könnte.«

»Kohlhäupter und Zwiebeln könntest du allenfalls noch finden: aber Artischocken suchest du vergebens. Alle Pflanzen in meinem großen Garten tragen weder Blüten noch Früchte; aber jedes Reis, das ich breche und auf das Grab eines Lieblings pflanze, grünt sogleich und schießt hoch auf. Alle diese Gruppen, diese Büsche, diese Haine habe ich leider wachsen sehen. Die Schirme dieser Pinien, die Obelisken dieser Zypressen, die Kolossen von Eichen und Buchen, alles waren kleine Reiser, als ein trauriges Denkmal von meiner Hand in einen sonst unfruchtbaren Boden gepflanzt.«

Die Alte hatte auf diese Rede wenig achtgegeben und nur ihre Hand betrachtet, die in der Gegenwart der schönen Lilie immer schwärzer und von Minute zu Minute kleiner zu werden schien. Sie wollte ihren Korb nehmen und eben forteilen, als sie fühlte, daß sie das Beste vergessen hatte. Sie hub sogleich den verwandelten Hund heraus und setzte ihn nicht weit von der Schönen ins Gras. »Mein Mann«, sagte sie, »schickt Euch dieses Andenken, Ihr wißt, daß Ihr diesen Edelstein durch Eure Berührung beleben könnt. Das artige, treue Tier wird Euch gewiß viel Freude machen, und die Betrübnis, daß ich ihn verliere, kann nur durch den Gedanken aufgeheitert werden, daß Ihr ihn besitzt.«

Die schöne Lilie sah das artige Tier mit Vergnügen und, wie es schien, mit Verwunderung an. »Es kommen viele Zeichen zusammen,« sagte sie, »die mir einige Hoffnung einflößen; aber ach! ist es nicht bloß ein Wahn unsrer Natur, daß wir dann, wenn vieles Unglück zusammentrifft, uns vorbilden, das Beste sei nah.

Was helfen mir die vielen guten Zeichen?
Des Vogels Tod, der Freundin schwarze Hand?
Der Mops von Edelstein, hat er wohl seinesgleichen?
Und hat ihn nicht die Lampe mir gesandt?

Entfernt vom süßen menschlichen Genusse,
Bin ich doch mit dem Jammer nur vertraut.
Ach! warum steht der Tempel nicht am Flusse!
Ach! warum ist die Brücke nicht gebaut!«

Ungeduldig hatte die gute Frau diesem Gesange zugehört, den die schöne Lilie mit den angenehmen
Tönen ihrer Harfe begleitete und der jeden andern
entzückt hätte. Eben wollte sie sich beurlauben, als sie
durch die Ankunft der grünen Schlange abermals abge-
halten wurde. Diese hatte die letzten Zeilen des Liedes
gehört und sprach deshalb der schönen Lilie sogleich
zuversichtlich Mut ein.

»Die Weissagung von der Brücke ist erfüllt!« rief sie
aus; »fragt nur diese gute Frau, wie herrlich der Bogen
gegenwärtig erscheint. Was sonst undurchsichtiger
Jaspis, was nur Prasem war, durch den das Licht höch-
stens auf den Kanten durchschimmerte, ist nun durch-
sichtiger Edelstein geworden. Kein Beryll ist so klar
und kein Smaragd so schönfarbig.«

»Ich wünsche Euch Glück dazu,« sagte Lilie, »allein
verzeihet mir, wenn ich die Weissagung noch nicht
erfüllt glaube. Über den hohen Bogen Eurer Brücke
können nur Fußgänger hinüber schreiten, und es ist uns
versprochen, daß Pferde und Wagen und Reisende
aller Art zu gleicher Zeit über die Brücke herüber- und

hinüberwandern sollen. Ist nicht von den großen Pfeilern geweissagt, die aus dem Flusse selbst heraussteigen werden?«

Die Alte hatte ihre Augen immer auf die Hand geheftet, unterbrach hier das Gespräch und empfahl sich. »Verweilt noch einen Augenblick«, sagte die schöne Lilie, »und nehmt meinen armen Kanarienvogel mit! Bittet die Lampe, daß sie ihn in einen schönen Topas verwandle; ich will ihn durch meine Berührung beleben, und er, mit Eurem guten Mops, soll mein bester Zeitvertreib sein; aber eilt, was Ihr könnt, denn mit Sonnenuntergang ergreift unleidliche Fäulnis das arme Tier und zerreißt den schönen Zusammenhang seiner Gestalt auf ewig.«

Die Alte legte den kleinen Leichnam zwischen zarte Blätter in den Korb und eilte davon.

»Wie dem auch sei,« sagte die Schlange, indem sie das abgebrochene Gespräch fortsetzte, »der Tempel ist erbauet.«

»Er steht aber noch nicht am Flusse,« versetzte die Schöne.

»Noch ruht er in den Tiefen der Erde,« sagte die Schlange; »ich habe die Könige gesehen und gesprochen.«

»Aber wann werden sie aufstehn?« fragte Lilie.

Die Schlange versetzte: »Ich hörte die großen Worte im Tempel ertönen: ›Es ist an der Zeit‹.«

Eine angenehme Heiterkeit verbreitete sich über das Angesicht der Schönen. »Höre ich doch«, sagte sie, »die glücklichen Worte schon heute zum zweitenmal; wann wird der Tag kommen, an dem ich sie dreimal höre?«

Sie stand auf, und sogleich trat ein reizendes Mädchen aus dem Gebüsch, das ihr die Harfe abnahm. Dieser folgte eine andre, die den elfenbeinernen, geschnitzten Feldstuhl, worauf die Schöne gesessen hatte, zusammenschlug und das silberne Kissen unter den Arm nahm. Eine dritte, die einen großen, mit Perlen gestickten Sonnenschirm trug, zeigte sich darauf, erwartend, ob Lilie auf einem Spaziergange etwa ihrer bedürfe. Über allen Ausdruck schön und reizend waren diese drei Mädchen, und doch erhöhten sie nur die Schönheit der Lilie, indem sich jeder gestehen mußte, daß sie mit ihr gar nicht verglichen werden konnten.

Mit Gefälligkeit hatte indes die schöne Lilie den wunderbaren Mops betrachtet. Sie beugte sich, berührte ihn, und in dem Augenblicke sprang er auf. Munter sah er sich um, lief hin und wider und eilte zuletzt, seine Wohltäterin auf das freundlichste zu begrüßen. Sie nahm ihn auf die Arme und drückte ihn an sich. »So kalt du bist«, rief sie aus, »und obgleich nur ein halbes Leben in dir wirkt, bist du mir doch willkommen; zärtlich will ich dich lieben, artig mit dir scherzen, freundlich dich streicheln und fest dich an mein Herz drücken.« Sie ließ ihn darauf los, jagte ihn von sich, rief ihn wieder, scherzte so artig mit ihm und trieb sich so munter und unschuldig mit ihm auf dem Grase herum, daß man mit neuem Entzücken ihre Freude betrachten und teil daran nehmen mußte, so wie kurz vorher ihre Trauer jedes Herz zum Mitleid gestimmt hatte.

Diese Heiterkeit, diese anmutigen Scherze wurden durch die Ankunft des traurigen Jünglings unterbrochen. Er trat herein, wie wir ihn schon kennen; nur schien die Hitze des Tages ihn noch mehr abgemattet zu haben, und in der Gegenwart der Geliebten ward er mit jedem Augenblicke blässer. Er trug den Habicht auf seiner Hand, der wie eine Taube ruhig saß und die Flügel hängen ließ.

»Es ist nicht freundlich,« rief Lilie ihm entgegen, »daß du mir das verhaßte Tier vor die Augen bringst, das Ungeheuer, das meinen kleinen Sänger heute getötet hat.«

»Schilt den unglücklichen Vogel nicht!« versetzte darauf der Jüngling; »klage vielmehr dich an und das Schicksal und vergönne mir, daß ich mit dem Gefährten meines Elends Gesellschaft mache.«

Indessen hörte der Mops nicht auf, die Schöne zu necken, und sie antwortete dem durchsichtigen Liebling mit dem freundlichsten Betragen. Sie klatschte mit den Händen, um ihn zu verscheuchen; dann lief sie, um ihn wieder nach sich zu ziehen. Sie suchte ihn zu haschen, wenn er floh, und jagte ihn von sich weg, wenn er sich an sie zu drängen versuchte. Der Jüngling sah stillschweigend und mit wachsendem Verdrusse zu; aber endlich, da sie das häßliche Tier, das ihm ganz abscheulich vorkam, auf den Arm nahm, an ihren weißen Busen drückte und die schwarze Schnauze mit ihren himmlischen Lippen küßte, verging ihm alle Geduld, und er rief voller Verzweiflung aus: »Muß ich, der ich durch ein trauriges Geschick vor dir, vielleicht auf immer, in einer getrennten Gegenwart lebe, der ich durch dich alles, ja mich selbst verloren habe, muß ich vor meinen Augen sehen, daß eine so widernatürliche Mißgeburt dich zur Freude reizen, deine Neigung fesseln und deine Umarmung genießen kann! Soll ich noch länger nur so hin und wider gehen und den traurigen Kreis den Fluß herüber und hinüber abmessen? Nein, es ruht noch ein Funke des alten Heldenmutes in meinem Busen; er schlage in diesem Augenblick zur letzten Flamme auf! Wenn Steine an deinem Busen ruhen können, so möge ich zu Stein werden; wenn deine Berührung tötet, so will ich von deinen Händen sterben.«

Mit diesen Worten machte er eine heftige Bewegung; der Habicht flog von seiner Hand, er aber stürzte auf die Schöne los, sie streckte die Hände aus, ihn abzuhalten, und berührte ihn nur desto früher. Das Bewußtsein verließ ihn, und mit Entsetzen fühlte sie die schöne Last an ihrem Busen. Mit einem Schrei trat sie zurück, und der holde Jüngling sank entseelt aus ihren Armen zur Erde.

Das Unglück war geschehen! Die süße Lilie stand unbeweglich und blickte starr nach dem entseelten Leichnam. Das Herz schien ihr im Busen zu stocken, und ihre Augen waren ohne Tränen. Vergebens suchte der Mops ihr eine freundliche Bewegung abzugewinnen; die ganze Welt war mit ihrem Freunde ausgestorben. Ihre stumme Verzweiflung sah sich nach Hülfe nicht um, denn sie kannte keine Hülfe.

Dagegen regte sich die Schlange desto emsiger; sie schien auf Rettung zu sinnen, und wirklich dienten ihre sonderbaren Bewegungen, wenigstens die nächsten schrecklichen Folgen des Unglücks auf einige Zeit zu hindern. Sie zog mit ihrem geschmeidigen Körper einen weiten Kreis um den Leichnam, faßte das Ende ihres Schwanzes mit den Zähnen und blieb ruhig liegen.

Nicht lange, so trat eine der schönen Dienerinnen Liliens hervor, brachte den elfenbeinernen Feldstuhl und nötigte mit freundlichen Gebärden die Schöne, sich zu setzen; bald darauf kam die zweite, die einen feuerfarbigen Schleier trug und das Haupt ihrer Gebieterin damit mehr zierte als bedeckte; die dritte übergab ihr die Harfe, und kaum hatte sie das prächtige Instrument an sich gedrückt und einige Töne aus den Saiten hervorgelockt, als die erste mit einem hellen, runden Spiegel zurückkam, sich der Schönen gegenüberstellte, ihre Blicke auffing und ihr das angenehmste Bild, das in der Natur zu finden war, darstellte. Der Schmerz erhöhte ihre Schönheit, der Schleier ihre Reize, die Harfe ihre Anmut, und so sehr man hoffte, ihre traurige Lage verändert zu sehen, so sehr wünschte man, ihr Bild ewig, wie es gegenwärtig erschien, festzuhalten.

Mit einem stillen Blick nach dem Spiegel lockte sie bald schmelzende Töne aus den Saiten, bald schien ihr Schmerz zu steigen, und die Saiten antworteten gewaltsam ihrem Jammer. Einigemal öffnete sie den Mund zu singen, aber die Stimme versagte ihr; doch bald löste sich ihr Schmerz in Tränen auf, zwei Mädchen faßten sie hülfreich in die Arme, die Harfe sank aus ihrem Schoße; kaum ergriff noch die schnelle Dienerin das Instrument und trug es beiseite.

»Wer schafft uns den Mann mit der Lampe, ehe die Sonne untergeht?« zischte die Schlange leise, aber vernehmlich; die Mädchen sahen einander an, und Liliens Tränen vermehrten sich. In diesem Augenblick kam atemlos die Frau mit dem Korbe zurück. »Ich bin verloren und verstümmelt!« rief sie aus; »seht, wie meine Hand beinahe ganz weggeschwunden ist; weder der Fährmann noch der Riese wollten mich übersetzen, weil ich noch eine Schuldnerin des Wassers bin; vergebens habe ich hundert Kohlhäupter und hundert Zwiebeln angeboten, man will nicht mehr als die drei Stükke, und keine Artischocke ist nun einmal in diesen Gegenden zu finden.«

»Vergeßt Eure Not«, sagte die Schlange, »und sucht hier zu helfen; vielleicht kann Euch zugleich mit geholfen werden. Eilt, was Ihr könnt, die Irrlichter aufzusuchen; es ist noch zu hell, sie zu sehen, aber vielleicht hört Ihr sie lachen und flattern. Wenn sie eilen, so setzt sie der Riese noch über den Fluß, und sie können den Mann mit der Lampe finden und schicken.«

Das Weib eilte, soviel sie konnte, und die Schlange schien ebenso ungeduldig als Lilie die Rückkunft der beiden zu erwarten. Leider vergoldete schon der Strahl der sinkenden Sonne nur den höchsten Gipfel der Bäume des Dickichts, und lange Schatten zogen sich über See und Wiese; die Schlange bewegte sich ungeduldig, und Lilie zerfloß in Tränen.

In dieser Not sah die Schlange sich überall um, denn sie fürchtete jeden Augenblick, die Sonne werde untergehen, die Fäulnis den magischen Kreis durchdringen und den schönen Jüngling unaufhaltsam anfallen. Endlich erblickte sie hoch in den Lüften mit purpurroten Federn den Habicht, dessen Brust die letzten Strahlen der Sonne auffing. Sie schüttelte sich vor Freuden über das gute Zeichen, und sie betrog sich nicht; denn kurz darauf sah man den Mann mit der Lampe über den See hergleiten, gleich als wenn er auf Schlittschuhen ginge.

Die Schlange veränderte nicht ihre Stelle, aber die Lilie stand auf und rief ihm zu: »Welcher gute Geist sendet dich in dem Augenblick, da wir so sehr nach dir verlangen und deiner so sehr bedürfen?«

»Der Geist meiner Lampe«, versetzte der Alte, »treibt mich, und der Habicht führt mich hierher. Sie spratzelt, wenn man meiner bedarf, und ich sehe mich nur in den Lüften nach einem Zeichen um; irgendein Vogel oder Meteor zeigt mir die Himmelsgegend an, wohin ich mich wenden soll. Sei ruhig, schönstes Mädchen! Ob ich helfen kann, weiß ich nicht; ein Einzelner hilft nicht, sondern wer sich mit vielen zur rechten Stunde vereinigt. Aufschieben wollen wir und hoffen. Halte deinen Kreis geschlossen,« fuhr er fort, indem er sich an die Schlange wendete, sich auf einen Erdhügel neben sie hinsetzte und den toten Körper beleuchtete. »Bringt den artigen Kanarienvogel auch her und leget ihn in den Kreis!« Die Mädchen nahmen den kleinen Leichnam aus dem Korbe, den die Alte stehen ließ, und gehorchten dem Manne.

Die Sonne war indessen untergegangen, und wie die Finsternis zunahm, fing nicht allein die Schlange und die Lampe des Mannes nach ihrer Weise zu leuchten an, sondern der Schleier Liliens gab auch ein sanftes Licht von sich, das wie eine zarte Morgenröte ihre blassen Wangen und ihr weißes Gewand mit einer unendlichen Anmut färbte. Man sah sich wechselsweise mit stiller Betrachtung an, Sorge und Trauer waren durch eine sichere Hoffnung gemildert.

Nicht unangenehm erschien daher das alte Weib in Gesellschaft der beiden muntern Flammen, die zwar zeither sehr verschwendet haben mußten, denn sie waren wieder äußerst mager geworden, aber sich nur desto artiger gegen die Prinzessin und die übrigen Frauenzimmer betrugen. Mit der größten Sicherheit und mit vielem Ausdruck sagten sie ziemlich gewöhnliche Sachen; besonders zeigten sie sich sehr empfänglich für den Reiz, den der leuchtende Schleier über Lilien und ihre Begleiterinnen verbreitete. Bescheiden schlugen die Frauenzimmer ihre Augen nieder, und das Lob ihrer Schönheit verschönerte sie wirklich. Jedermann war zufrieden und ruhig bis auf die Alte. Ungeachtet der Versicherung ihres Mannes, daß ihre Hand nicht weiter abnehmen könne, solange sie von seiner Lampe beschienen sei, behauptete sie mehr als einmal, daß, wenn es so fortgehe, noch vor Mitternacht dieses edle Glied völlig verschwinden werde.

Der Alte mit der Lampe hatte dem Gespräch der Irrlichter aufmerksam zugehört und war vergnügt, daß Lilie durch diese Unterhaltung zerstreut und aufgeheitert worden. Und wirklich war Mitternacht herbeigekommen, man wußte nicht wie. Der Alte sah nach den Sternen und fing darauf zu reden an: »Wir sind zur glücklichen Stunde beisammen, jeder verrichte sein Amt, jeder tue seine Pflicht, und ein allgemeines Glück wird die einzelnen Schmerzen in sich auflösen, wie ein allgemeines Unglück einzelne Freuden verzehrt.«

Nach diesen Worten entstand ein wunderbares Geräusch, denn alle gegenwärtigen Personen sprachen für sich und drückten laut aus, was sie zu tun hätten, nur die drei Mädchen waren stille; eingeschlafen war die eine neben der Harfe, die andere neben dem Sonnenschirm, die dritte neben dem Sessel, und man konnte es ihnen nicht verdenken, denn es war spät. Die flammenden Jünglinge hatten nach einigen vorübergehenden Höflichkeiten, die sie auch den Dienerinnen gewidmet, sich doch zuletzt nur an Lilien, als die Allerschönste, gehalten.

»Fasse«, sagte der Alte zum Habicht, »den Spiegel, und mit dem ersten Sonnenstrahl beleuchte die Schläferinnen und wecke sie mit zurückgeworfenem Lichte aus der Höhe!«

Die Schlange fing nunmehr an, sich zu bewegen, löste den Kreis auf und zog langsam in großen Ringen nach dem Flusse. Feierlich folgten ihr die beiden Irrlichter, und man hätte sie für die ernsthaftesten Flammen halten sollen. Die Alte und ihr Mann ergriffen den Korb, dessen sanftes Licht man bisher kaum bemerkt hatte, sie zogen von beiden Seiten daran, und er ward immer größer und leuchtender, sie hoben darauf den Leichnam des Jünglings hinein und legten ihm den Kanarienvogel auf die Brust; der Korb hob sich in die Höhe und schwebte über dem Haupte der Alten, und sie folgte den Irrlichtern auf dem Fuße. Die schöne Lilie nahm den Mops auf ihren Arm und folgte der Alten, der Mann mit der Lampe beschloß den Zug, und die Gegend war von diesen vielerlei Lichtern auf das sonderbarste erhellt.

Aber mit nicht geringer Bewunderung sah die Gesellschaft, als sie zu dem Flusse gelangte, einen herrlichen Bogen über denselben hinübersteigen, wodurch die wohltätige Schlange ihnen einen glänzenden Weg bereitete. Hatte man bei Tage die durchsichtigen Edelsteine bewundert, woraus die Brücke zusammengesetzt schien, so erstaunte man bei Nacht über ihre leuchtende Herrlichkeit. Oberwärts schnitt sich der helle Kreis scharf an dem dunklen Himmel ab, aber unterwärts zuckten lebhafte Strahlen nach dem Mittelpunkte zu und zeigten die bewegliche Festigkeit des Gebäudes. Der Zug ging langsam hinüber, und der Fährmann, der von ferne aus seiner Hütte hervorsah, betrachtete mit Staunen den leuchtenden Kreis und die sonderbaren Lichter, die darüber hinzogen.

Kaum waren sie an dem andern Ufer angelangt, als der Bogen nach seiner Weise zu schwanken und sich wellenartig dem Wasser zu nähern anfing. Die Schlange bewegte sich bald darauf ans Land, der Korb setzte sich zur Erde nieder, und die Schlange zog aufs neue ihren Kreis umher; der Alte neigte sich vor ihr und sprach: »Was hast du beschlossen?«

»Mich aufzuopfern, ehe ich aufgeopfert werde,« versetzte die Schlange; »versprich mir, daß du keinen Stein am Lande lassen willst!«

Der Alte verspach's und sagte darauf zur schönen Lilie: »Rühre die Schlange mit der linken Hand an und deinen Geliebten mit der rechten.« Lilie kniete nieder und berührte die Schlange und den Leichnam. Im Augenblicke schien dieser in das Leben überzugehen; er bewegte sich im Korbe, ja er richtete sich in die Höhe und saß. Lilie wollte ihn umarmen, allein der Alte hielt sie zurück, er half dagegen dem Jüngling aufstehn und leitete ihn, indem er aus dem Korbe und dem Kreise trat.

Der Jüngling stand, der Kanarienvogel flatterte auf seiner Schulter, es war wieder Leben in beiden, aber der Geist war noch nicht zurückgekehrt; der schöne Freund hatte die Augen offen und sah nicht, wenigstens schien er alles ohne Teilnehmung anzusehn, und kaum hatte sich die Verwunderung über diese Begebenheit in etwas gemäßigt, als man erst bemerkte, wie sonderbar die Schlange sich verändert hatte. Ihr schöner, schlanker Körper war in tausend und tausend leuchtende Edelsteine zerfallen; unvorsichtig hatte die Alte, die nach ihrem Korbe greifen wollte, an sie gestoßen, und man sah nichts mehr von der Bildung der Schlange, nur ein schöner Kreis leuchtender Edelsteine lag im Grase.

Der Alte machte sogleich Anstalt, die Steine in den Korb zu fassen, wozu ihm seine Frau behülflich sein mußte. Beide trugen darauf den Korb gegen das Ufer an einen erhabenen Ort, und er schüttete die ganze Ladung, nicht ohne Widerwillen der Schönen und seines Weibes, die gerne davon sich etwas ausgesucht hätten, in den Fluß. Wie leuchtende und blinkende Sterne schwammen die Steine mit den Wellen hin, und man konnte nicht unterscheiden, ob sie sich in der Ferne verloren oder untersanken.

»Meine Herren,« sagte darauf der Alte ehrerbietig zu den Irrlichtern, »nunmehr zeige ich Ihnen den Weg und eröffne den Gang; aber Sie leisten uns den größten Dienst, wenn Sie uns die Pforte des Heiligtums öffnen, durch die wir diesmal eingehen müssen und die außer Ihnen niemand aufschließen kann.«

Die Irrlichter neigten sich anständig und blieben zurück. Der Alte mit der Lampe ging voraus in den Felsen, der sich vor ihm auftat. Der Jüngling folgte ihm gleichsam mechanisch, still und ungewiß hielt sich Lilie in einiger Entfernung hinter ihm; die Alte wollte nicht gerne zurückbleiben und streckte ihre Hand aus, damit ja das Licht von ihres Mannes Lampe sie erleuchten könne. Nun schlossen die Irrlichter den Zug, indem sie die Spitzen ihrer Flammen zusammenneigten und miteinander zu sprechen schienen.

Sie waren nicht lange gegangen, als der Zug sich vor einem großen, ehernen Tore befand, dessen Flügel mit einem goldenen Schloß verschlossen war. Der Alte rief sogleich die Irrlichter herbei, die sich nicht lange aufmuntern ließen, sondern geschäftig mit ihren spitzesten Flammen Schloß und Riegel aufzehrten.

Laut tönte das Erz, als die Pforten schnell aufsprangen und im Heiligtum die würdigen Bilder der Könige, durch die hereintretenden Lichter beleuchtet, erschienen. Jeder neigte sich vor den ehrwürdigen Herrschern, besonders ließen es die Irrlichter an krausen Verbeugungen nicht fehlen.

Nach einiger Pause fragte der goldne König: »Woher kommt ihr?« – »Aus der Welt,« antwortete der Alte. »Wohin geht ihr?« fragte der silberne König. » In die Welt,« sagte der Alte. »Was wollt ihr bei uns?« fragte der eherne König. »Euch begleiten,« sagte der Alte.

Der gemischte König wollte eben zu reden anfangen, als der goldne zu den Irrlichtern, die ihm zu nahe gekommen waren, sprach: »Hebet euch weg von mir, mein Gold ist nicht für euren Gaum.« Sie wandten sich darauf zum silbernen und schmiegten sich an ihn; sein Gewand glänzte schön von ihrem gelblichen Widerschein. »Ihr seid mir willkommen,« sagte er, »aber ich kann euch nicht ernähren; sättiget euch auswärts und bringt mir euer Licht.« Sie entfernten sich und schlichen bei dem ehernen vorbei, der sie nicht zu bemerken schien, auf den zusammengesetzten los. »Wer wird die Welt beherrschen?« rief dieser mit stotternder Stimme. »Wer auf seinen Füßen steht,« antwortete der Alte. »Das bin ich!« sagte der gemischte König. »Es wird sich offenbaren,« sagte der Alte; »denn es ist an der Zeit.«

Die schöne Lilie fiel dem Alten um den Hals und küßte ihn aufs herzlichste. »Heiliger Vater,« sagte sie, »tausendmal dank ich dir, denn ich höre das ahnungsvolle Wort zum drittenmal.« Sie hatte kaum ausgeredet, als sie sich noch fester an den Alten anhielt, denn der Boden fing unter ihnen an zu schwanken; die Alte und der Jüngling hielten sich auch aneinander, nur die beweglichen Irrlichter merkten nichts.

Man konnte deutlich fühlen, daß der ganze Tempel sich bewegte wie ein Schiff, das sich sanft aus dem Hafen entfernt, wenn die Anker gelichtet sind; die Tiefen der Erde schienen sich vor ihm aufzutun, als er hindurchzog. Er stieß nirgends an, kein Felsen stand ihm in dem Weg.

Wenige Augenblicke schien ein feiner Regen durch die Öffnung der Kuppel hereinzurieseln; der Alte hielt die schöne Lilie fester und sagte zu ihr: »Wir sind unter dem Flusse und bald am Ziel.« Nicht lange darauf glaubten sie still zu stehn, doch sie betrogen sich: der Tempel stieg aufwärts.

Nun entstand ein seltsames Getöse über ihrem Haupte. Bretter und Balken, in ungestalter Verbindung, begannen sich zu der Öffnung der Kuppel krachend hereinzudrängen. Lilie und die Alte sprangen zur Seite, der Mann mit der Lampe faßte den Jüngling und blieb stehen. Die kleine Hütte des Fährmanns – denn sie war es, die der Tempel im Aufsteigen vom Boden abgesondert und in sich aufgenommen hatte – sank allmählich herunter und bedeckte den Jüngling und den Alten.

Die Weiber schrien laut, und der Tempel schütterte wie ein Schiff, das unvermutet ans Land stößt. Ängstlich irrten die Frauen in der Dämmerung um die Hütte; die Türe war verschlossen, und auf ihr Pochen hörte niemand. Sie pochten heftiger und wunderten sich nicht wenig, als zuletzt das Holz zu klingen anfing. Durch die Kraft der verschlossenen Lampe war die Hütte von innen heraus zu Silber geworden. Nicht lange, so veränderte sie sogar ihre Gestalt; denn das edle Metall verließ die zufälligen Formen der Bretter, Pfosten und Balken und dehnte sich zu einem herrlichen Gehäuse von getriebener Arbeit aus. Nun stand ein herrlicher kleiner Tempel in der Mitte des großen oder, wenn man will, ein Altar, des Tempels würdig.

Durch eine Treppe, die von innen heraufging, trat nunmehr der edle Jüngling in die Höhe, der Mann mit der Lampe leuchtete ihm, und ein anderer schien ihn zu unterstützen, der in einem weißen, kurzen Gewand hervorkam und ein silbernes Ruder in der Hand hielt; man erkannte in ihm sogleich den Fährmann, den ehemaligen Bewohner der verwandelten Hütte.

Die schöne Lilie stieg die äußeren Stufen hinauf, die von dem Tempel auf den Altar führten; aber noch immer mußte sie sich von ihrem Geliebten entfernt halten. Die Alte, deren Hand, solange die Lampe verborgen gewesen, immer kleiner geworden war, rief: »Soll ich doch noch unglücklich werden? Ist bei so vielen Wundern durch kein Wunder meine Hand zu retten?« Ihr Mann deutete nach der offenen Pforte und sagte: »Siehe, der Tag bricht an, eile und bade dich im Flusse.« – »Welch ein Rat!« rief sie; »ich soll wohl ganz schwarz werden und ganz verschwinden; habe ich doch meine Schuld noch nicht bezahlt!« – »Gehe«, sagte der Alte, »und folge mir! Alle Schulden sind abgetragen.«

Die Alte eilte weg, und in dem Augenblick erschien das Licht der aufgehenden Sonne an dem Kranze der Kuppel; der Alte trat zwischen den Jüngling und die Jungfrau und rief mit lauter Stimme: »Drei sind, die da herrschen auf Erden: die Weisheit, der Schein und die Gewalt.« Bei dem ersten Worte stand der goldne König auf, bei dem zweiten der silberne, und bei dem dritten hatte sich der eherne langsam emporgehoben, als der zusammengesetzte König sich plötzlich ungeschickt niedersetzte.

Wer ihn sah, konnte sich, ungeachtet des feierlichen Augenblicks, kaum des Lachens enthalten; denn er saß nicht, er lag nicht, er lehnte sich nicht an, sondern er war unförmlich zusammengesunken.

Die Irrlichter, die sich bisher um ihn beschäftigt hatten, traten zur Seite. Sie schienen, obgleich blaß beim Morgenlichte, doch wieder gut genährt und wohl bei Flammen; sie hatten auf eine geschickte Weise die goldnen Adern des kolossalen Bildes mit ihren spitzen Zungen bis aufs Innerste herausgeleckt. Die unregelmäßigen leeren Räume, die dadurch entstanden waren, erhielten sich eine Zeitlang offen, und die Figur blieb in ihrer vorigen Gestalt. Als aber auch zuletzt die zartesten Äderchen aufgezehrt waren, brach auf einmal das Bild zusammen und leider gerade an den Stellen, die ganz bleiben, wenn der Mensch sich setzt; dagegen blieben die Gelenke, die sich hätten biegen sollen, steif. Wer nicht lachen konnte, mußte seine Augen wegwenden; das Mittelding zwischen Form und Klumpen war widerwärtig anzusehn.

Der Mann mit der Lampe führte nunmehr den schönen, aber immer noch starr vor sich hinblickenden Jüngling vom Altare herab und gerade auf den ehernen König los. Zu den Füßen des mächtigen Fürsten lag ein Schwert in eherner Scheide. Der Jüngling gürtete sich. »Das Schwert an der Linken, die Rechte frei!« rief der gewaltige König. Sie gingen darauf zum silbernen, der sein Zepter gegen den Jüngling neigte. Dieser ergriff es mit der linken Hand, und der König sagte mit gefälliger Stimme: »Weide die Schafe!« Als sie zum goldenen Könige kamen, drückte er mit väterlich segnender Gebärde dem Jüngling den Eichenkranz aufs Haupt und sprach: »Erkenne das Höchste!«

Der Alte hatte während dieses Umgangs den Jüngling genau bemerkt. Nach umgürtetem Schwert hob sich seine Brust, seine Arme regten sich, und seine Füße traten fester auf; indem er den Zepter in die Hand nahm, schien sich die Kraft zu mildern und durch einen unaussprechlichen Reiz noch mächtiger zu werden; als aber der Eichenkranz seine Locken zierte, belebten sich seine Gesichtszüge, sein Auge glänzte von unaussprechlichem Geist, und das erste Wort seines Mundes war ›Lilie‹.

»Liebe Lilie!« rief er, als er ihr die silbernen Treppen hinauf entgegeneilte, denn sie hatte von der Zinne des Altars seiner Reise zugesehn, »liebe Lilie! was kann der Mann, ausgestattet mit allem, sich Köstlicheres wünschen als die Unschuld und die stille Neigung, die mir dein Busen entgegenbringt? O! mein Freund,« fuhr er fort, indem er sich zu dem Alten wendete und die drei heiligen Bildsäulen ansah, »herrlich und sicher ist das Reich unserer Väter, aber du hast die vierte Kraft vergessen, die noch früher, allgemeiner, gewisser die Welt beherrscht: die Kraft der Liebe.« Mit diesen Worten fiel er dem schönen Mädchen um den Hals; sie hatte den Schleier weggeworfen, und ihre Wangen färbten sich mit der schönsten, unvergänglichsten Röte.

Hierauf sagte der Alte lächelnd: »Die Liebe herrscht nicht, aber sie bildet, und das ist mehr.«

Über dieser Feierlichkeit, dem Glück, dem Entzükken hatte man nicht bemerkt, daß der Tag völlig angebrochen war, und nun fielen auf einmal durch die offne Pforte ganz unerwartete Gegenstände der Gesellschaft in die Augen. Ein großer, mit Säulen umgebener Platz machte den Vorhof, an dessen Ende man eine lange und prächtige Brücke sah, die mit vielen Bogen über den Fluß hinüberreichte; sie war an beiden Seiten mit Säulengängen für die Wanderer bequem und prächtig eingerichtet, deren sich schon viele Tausende eingefunden hatten und emsig hin und wider gingen. Der große Weg in der Mitte war von Herden und Maultieren, Reitern und Wagen belebt, die an beiden Seiten, ohne sich zu hindern, stromweise hin und her flossen. Sie schienen sich alle über die Bequemlichkeit und Pracht zu verwundern, und der neue König mit seiner Gemahlin war über die Bewegung und das Leben dieses großen Volks so entzückt, als ihre wechselseitige Liebe sie glücklich machte.

»Gedenke der Schlange in Ehren,« sagte der Mann mit der Lampe; »du bist ihr das Leben, deine Völker sind ihr die Brücke schuldig, wodurch diese nachbarlichen Ufer erst zu Ländern belebt und verbunden werden. Jene schwimmenden und leuchtenden Edelsteine, die Reste ihres aufgeopferten Körpers, sind die Grundpfeiler dieser herrlichen Brücke; auf ihnen hat sie sich selbst erbaut und wird sich selbst erhalten.«

Man wollte eben die Aufklärung dieses wunderbaren Geheimnisses von ihm verlangen, als vier schöne Mädchen zu der Pforte des Tempels hereintraten. An der Harfe, dem Sonnenschirm und dem Feldstuhl erkannte man sogleich die Begleiterinnen Liliens, aber die vierte, schöner als die drei, war eine Unbekannte, die scherzend schwesterlich mit ihnen durch den Tempel eilte und die silbernen Stufen hinanstieg.

»Wirst du mir künftig mehr glauben, liebes Weib?« sagte der Mann mit der Lampe zu der Schönen. »Wohl dir und jedem Geschöpfe, das sich diesen Morgen im Flusse badet!«

Die verjüngte und verschönerte Alte, von deren Bildung keine Spur mehr übrig war, umfaßte mit belebten, jugendlichen Armen den Mann mit der Lampe, der ihre Liebkosungen mit Freundlichkeit aufnahm. »Wenn ich dir zu alt bin,« sagte er lächelnd, »so darfst du heute einen andern Gatten wählen; von heute an ist keine Ehe gültig, die nicht aufs neue geschlossen wird.«

»Weißt du denn nicht,« versetzte sie, »daß auch du jünger geworden bist?« - »Es freut mich, wenn ich deinen jungen Augen als ein wackrer Jüngling erscheine; ich nehme deine Hand von neuem an und mag gern mit dir in das folgende Jahrtausend hinüberleben.«

Die Königin bewillkommte ihre neue Freundin und stieg mit ihr und ihren übrigen Gespielinnen in den Altar hinab, indes der König in der Mitte der beiden Männer nach der Brücke hinsah und aufmerksam das Gewimmel des Volks betrachtete.

Aber nicht lange dauerte seine Zufriedenheit, denn er sah einen Gegenstand, der ihm einen Augenblick Verdruß erregte. Der große Riese, der sich von seinem Morgenschlaf noch nicht erholt zu haben schien, taumelte über die Brücke her und verursachte daselbst große Unordnung. Er war wie gewöhnlich schlaftrunken aufgestanden und gedachte sich in der bekannten Bucht des Flusses zu baden; anstatt derselben fand er festes Land und tappte auf dem breiten Pflaster der Brücke hin. Ob er nun gleich zwischen Menschen und Vieh auf das ungeschickteste hineintrat, so ward doch seine Gegenwart zwar von allen angestaunt, doch von niemand gefühlt; als ihm aber die Sonne in die Augen schien und er die Hände aufhub, sie auszuwischen, fuhr der Schatten seiner ungeheuren Fäuste hinter ihm so kräftig und ungeschickt unter der Menge hin und wider, daß Menschen und Tiere in großen Massen zusammenstürzten, beschädigt wurden und Gefahr liefen, in den Fluß geschleudert zu werden.

Der König, als er diese Untat erblickte, fuhr mit einer unwillkürlichen Bewegung nach dem Schwerte, doch besann er sich und blickte ruhig erst sein Zepter, dann die Lampe und das Ruder seiner Gefährten an. »Ich errate deine Gedanken,« sagte der Mann mit der Lampe; »aber wir und unsere Kräfte sind gegen diesen Ohnmächtigen ohnmächtig. Sei ruhig! er schadet zum letztenmal, und glücklicherweise ist sein Schatten von uns abgekehrt.«

Indessen war der Riese immer näher gekommen, hatte vor Verwunderung über das, was er mit offenen Augen sah, die Hände sinken lassen, tat keinen Schaden mehr und trat gaffend in den Vorhof herein.

Gerade ging er auf die Türe des Tempels zu, als er auf einmal in der Mitte des Hofes an dem Boden festgehalten wurde. Er stand als eine kolossale, mächtige Bildsäule von rötlich glänzendem Steine da, und sein Schatten zeigte die Stunden, die in einen Kreis auf dem Boden um ihn her, nicht in Zahlen, sondern in edlen und bedeutenden Bildern eingelegt waren.

Nicht wenig erfreut war der König, den Schatten des Ungeheuers in nützlicher Richtung zu sehen; nicht wenig verwundert war die Königin, die, als sie mit größter Herrlichkeit geschmückt aus dem Altare mit ihren Jungfrauen heraufstieg, das seltsame Bild erblickte, das die Aussicht aus dem Tempel nach der Brücke fast zudeckte.

Indessen hatte sich das Volk dem Riesen nachgedrängt, da er still stand, ihn umgeben und seine Verwandlung angestaunt. Von da wandte sich die Menge nach dem Tempel, den sie erst jetzt gewahr zu werden schien, und drängte sich nach der Tür.

In diesem Augenblick schwebte der Habicht mit dem

Spiegel hoch über dem Dom, fing das Licht der Sonne auf und warf es über die auf dem Altar stehende Gruppe. Der König, die Königin und ihre Begleiter erschienen in dem dämmernden Gewölbe des Tempels von einem himmlischen Glanze erleuchtet, und das Volk fiel auf sein Angesicht. Als die Menge sich wieder erholt hatte und aufstand, war der König mit den Seinigen in den Altar hinabgestiegen, um durch verborgene Hallen nach seinem Palaste zu gehen, und das Volk zerstreute sich in dem Tempel, seine Neugierde zu befriedigen. Es betrachtete die drei aufrecht stehenden Könige mit Staunen und Ehrfurcht, aber es war desto begieriger zu wissen, was unter dem Teppiche in der vierten Nische für ein Klumpen verborgen sein möchte; denn, wer es auch mochte gewesen sein, wohlmeinende Bescheidenheit hatte eine prächtige Decke über den zusammengesunkenen König hingebreitet, die kein Auge zu durchdringen vermag und keine Hand wagen darf wegzuheben.

Das Volk hätte kein Ende seine Schauens und seiner Bewunderung gefunden, und die zudringende Menge hätte sich in dem Tempel selbst erdrückt, wäre ihre Aufmerksamkeit nicht wieder auf den großen Platz gelenkt worden.

Unvermutet fielen Goldstücke, wie aus der Luft, klingend auf die marmornen Platten, die nächsten Wanderer stürzten darüber her, um sich ihrer zu bemächtigen, einzeln wiederholte sich dies Wunder, und zwar bald hier und bald da. Man begreift wohl, daß die abziehenden Irrlichter sich hier nochmals eine Lust machten und das Gold aus den Gliedern des zusammengesunkenen Königs auf eine lustige Weise vergeudeten. Begierig lief das Volk noch eine Zeitlang hin und wider, drängte und zerriß sich auch noch, da keine Goldstücke mehr herabfielen. Endlich verlief es sich allmählich, zog seine Straße, und bis auf den heutigen Tag wimmelt die Brücke von Wanderern, und der Tempel ist der besuchteste auf der ganzen Erde.

Über Goethes Märchendichtungen

»Poesie ist Märchen«

Goethes Verhältnis zum Märchenerzählen

Lust zu fabulieren war bekanntlich die Kurzformel, auf die Goethe sein Dichtertalent brachte. Im Erzählen sah er das Zentrum seines poetischen Schaffens. Tatsächlich zeigt er sich als Erzähler in sämtlichen Dichtungsgattungen. Wie oft ist seine Lyrik erzählend! An seinen Dramen hat das erzählerische Element einen fast zu großen Anteil. Was aber die *produktive Imagination* des Erzählers Goethe zuallererst aktivierte, war das Erzählen von Märchen. Infolgedessen dürfen wir hierin wirklich die Keimzelle seines Dichtertums sehen. Es kann daher nicht Wunder nehmen, wenn Goethe später gelegentlich Dichten überhaupt und Märchenerzählen gleichsetzte.

Über die Ur-Anregung zur eigenen dichterischen Kreativität in jungen Jahren wissen wir durch Bettina Brentano, die sich von Goethes Mutter aus Kindheit und Jugend des Dichters berichten ließ. Wie Goethes Mutter ihre *Mährgen* erzähle, *so erzähle kein Mensch*, behauptet Bettina, die doch selber genial zu fabulieren verstand. Durch Bettinas Aufzeichnungen wissen wir auch, daß die Mutter Goethes ihre Märchen in Fortsetzungen zu erzählen pflegte. Wie Scheherazade ließ auch sie die Handlung mitten in einem spannenden Moment abbrechen und erst den nächsten Tag die Fortsetzung bringen. Das Ergebnis dieser Erzähltechnik war nicht nur Erhöhung der Spannung, sondern vor allem lebendiges Mitdichten des Kindes, das den Faden der Handlung selbständig weiterspann:

Die Mutter glaubte auch sich einen Anteil an seiner

*Darstellungsgabe zuschreiben zu dürfen, denn einmal,
sagte sie, konnte ich nicht ermüden zu erzählen, so wie er
nicht ermüdete zuzuhören . . . da war kein Mensch so eif-
rig auf die Stunde des Erzählens mit den Kindern wie ich,
ja, ich war im höchsten Grad begierig unsere kleinen ein-
gebildeten Erzählungen weiter zu führen, und eine Einla-
dung, die mich um einen solchen Abend brachte, war mir
immer verdrießlich. Da saß ich, und da verschlang er
mich bald mit seinen großen schwarzen Augen, und
wenn das Schicksal irgend eines Lieblings nicht recht
nach seinem Sinn ging, da sah ich wie die Zornader an
der Stirn schwoll und wie er die Tränen verbiß. Manchmal griff er ein und sagte noch eh ich meine Wendung genommen hatte, nicht wahr, Mutter, die Prinzessin heira-
tet nicht den verdammten Schneider, wenn er auch den
Riesen totschlägt; wenn ich nun Halt machte und die
Katastrophe auf den nächsten Abend verschob, so konnte
ich sicher sein, daß er bis dahin alles zurecht gerückt hatte, und so war mir denn meine Einbildungskraft, wo sie
nicht mehr zureichte, häufig durch die seine ersetzt; wenn
ich denn am nächsten Abend die Schicksalsfäden nach
seiner Angabe weiter lenkte und sagte: Du hast's geraten,
so ist's gekommen, da war er Feuer und Flamme, und
man konnte sein Herzchen unter der Halskrause schla-
gen sehen. Der Großmutter, die im Hinterhause wohnte
und deren Liebling er war, vertraute er nun allemal seine
Ansichten, wie es mit der Erzählung wohl noch werde,
und von dieser erfuhr ich wie ich seinen Wünschen gemäß
weiter im Text kommen solle, und so war ein geheimes
diplomatisches Treiben zwischen uns, das keiner an den
andern verriet; so hatte ich die Satisfaktion zum Genuß*

und Erstaunen der Zuhörenden, meine Märchen vorzu-
tragen, und der Wolfgang, ohne je sich als den Urheber
aller merkwürdigen Ereignisse zu bekennen, sah mit glü-
henden Augen der Erfüllung seiner kühn angelegten Plä-
ne entgegen, und begrüßte das Ausmalen derselben mit
enthusiastischem Beifall. Diese schönen Abende, durch
die sich der Ruhm meiner Erzählungskunst bald verbrei-
tete, so daß endlich alt und jung daran teilnahm, sind mir
eine sehr erquickliche Erinnerung.

Das Beispiel des beschwörenden Eingreifens ins
Märchen vom tapferen Schneiderlein ist für das Innenle-
ben des kleinen Wolfgang höchst aufschlußreich: das
tapfere Schneiderlein genügte ihm offenbar nicht als
Held, mit dem er sich identifizieren konnte. Die Prinzessin war ihm zu schade für einen so kleinen Wicht.
Ein ihr würdigerer Held mußte erfunden werden, einer
mit dem Wolfgang sich gleichsetzen, in dem er sich
wiedererkennen mochte. Darum gestaltete er dies Märchen nach eigenen Bedürfnissen um. Bruno Bettelheim
bringt in seinem Buch *Kinder brauchen Märchen* viele
Beispiele für das Umgestalten von Märchen durch Kinder
und märchenerzählende Erwachsene je nach eigenem
inneren Bedürfnis, denn Märchen haben – so sieht es
der Psychologe und Psychiater – eine therapeutische
Funktion: sie helfen vorläufige oder endgültige Lösungen bei Schwierigkeiten im eigenen Leben zu finden.

Im *Ur-Götz* von 1773 findet sich ein frühes Goethe-
sches Märchen, das wegen seiner charakteristischen
Merkmale verdient, aus der Verborgenheit hervorge-
holt zu werden. Das Märchen wird erzählt in einem
Dialog zwischen dem kleinen Karl und seiner Tante

Maria. Gespiegelt ist darin der Vorgang, wie ein Kind lernt, selber Märchen zu erzählen, das gemeinsame Märchenerzählen des Kindes mit dem erwachsenen Erzähler, die Anregung zu produktiver Mitarbeit:

Karl. Ich bitte dich, liebe Tante, erzähl mir das noch einmal vom frommen Kind, 's is gar zu schön.

Maria. Erzähl du mir's, kleiner Schelm, da will ich hören, ob du Acht gibst.

Karl. Wart e bis, ich will mich bedenken. – Es war einmal – ja – es war einmal ein Kind, und sein Mutter war krank, da ging das Kind hin –

Maria. Nicht doch. Da sagte die Mutter: »Liebes Kind« –

Karl. »Ich bin krank« –

Maria. »Und kann nicht ausgehn« –

Karl. Und gab ihm Geld und sagte: »Geh hin, und hol dir ein Frühstück.« Da kam ein armer Mann –

Maria. Das Kind ging, da begegnet' ihm ein alter Mann, der war – nun Karl!

Karl. Der war – alt –

Maria. Freilich! der kaum mehr gehen konnte, und sagte: »Liebes Kind« –

Karl. »Schenk mir was, ich habe kein Brot gessen gestern und heut.« Da gab ihm's Kind das Geld –

Maria. Das für sein Frühstück sein sollte.

Karl. Da sagte der alte Mann –

Maria. Da nahm der alte Mann das Kind –

Karl. Bei der Hand, und sagte – und ward ein schöner glänziger Heiliger, und sagte: »Liebes Kind« –

Maria. »Für deine Wohltätigkeit belohnt dich die Mutter Gottes durch mich: welchen Kranken du anrührst« –

Karl. »Mit der Hand« – es war die rechte, glaub ich.

Maria. Ja.

Karl. »Der wird gleich gesund.«

Maria. Da lief das Kind nach Haus und konnt für Freuden nichts reden.

Karl. Und fiel seiner Mutter um den Hals und weinte für Freuden –

Maria. Da rief die Mutter: »Wie ist mir!« und war – nun Karl!

Karl. Und war – und war –

Maria. Du gibst schon nicht Acht! – und war gesund. Und das Kind kurierte König und Kaiser, und wurde so reich, daß es ein großes Kloster bauete.

Charakteristisch ist an der Wundergeschichte des jungen Dichters auch das Goethesche Ethos. Aufforderung zur Mildtätigkeit und eigene Freigebigkeit finden sich in allen Phasen seines Lebens. In seiner Darstellung von Sankt Rochus feierte Goethe später restloses Verschenken allen Besitzes als höchste Tugend. Rochus, zum Heiligen geworden, heilt Kranke durch *Berührung mit der rechten Hand.*

Wie intensiv sich der kleine Wolfgang in die Märchenwelt einlebte und dabei Geschichten freizügig umgestaltete, zeigt sein Jugendgedicht *Der neue Amadis*. Es spielt an auf das *Märchen vom Delphin* der Baronin Aulnoy, wo ein in einen Vogel (Byby) verwandelter Prinz eine Prinzessin liebt, während die Prinzessin Fisch aus dem Märchen *Die drei Tierbrüder* des Basile stammt. Gewiß haben wir hier noch Reminiszenzen an das Märchenrepertoire der Frau Rat vor uns:

Als ich noch ein Knabe war,
Sperrte man mich ein,
Und so saß ich manches Jahr
Über mir allein
Wie in Mutterleib.

Doch du warst mein Zeitvertreib,
Goldne Phantasie,
Und ich ward ein warmer Held,
Wie der Prinz Pipi,
Und durchzog die Welt.

Baute manch kristallen Schloß
Und zerstört' es auch,
Warf mein blinkendes Geschoß
Drachen durch den Bauch,
Ja, ich war ein Mann!

Ritterlich befreit ich dann
Die Prinzessin Fisch;
Sie war gar zu obligeant,
Führte mich zu Tisch,
Und ich war galant.

Und ihr Kuß war Götterbrot,
Glühend wie der Wein.
Ach! ich liebte fast mich tot!
Rings mit Sonnenschein
War sie emailliert.

Ach! wer hat sie mir entführt?
Hielt kein Zauberband
Sie zurück vom schnellen Fliehn?
Sagt, wo ist ihr Land?
Wo der Weg dahin?

Durch seinen Ausgang ähnelt das Gedicht dem *Neuen Paris* und der *Neuen Melusine.* Auch diese beiden Märchen enden mit dem Verlust eines Paradieses und der Geliebten, die dem Helden darin beschert war. Den *Neuen Amadis* stellte Goethe an den Anfang der ersten Ausgabe seiner Gedichte (1789), spätere Ausgaben zeigen es fast am Anfang des gesamten Werks, als erstes umfangreiches Lied. Daraus läßt sich schließen: ein Märchen betrachtete Goethe als die geeignetste Exposition zu seinem Schaffen, und zwar ein Märchen, in dem er selbst als Erzähler und Held auftrat. Vorgedeutet ist damit auf die Rolle des Märchenerzählers, in der Goethe so oft auftreten sollte, die Rolle, die er später mit der der Scheherazade aus 1001 Nacht verglich.

Der Scheherazadestil des Märchenerzählens in Fortsetzungen, wie die Mutter ihn pflegte, prägte sich Goethe so tief ein, daß er sich aufs engste verknüpfte mit seinen Vorstellungen von der Gattung des Märchens, wie von wirkungsvollem Erzählen überhaupt. Beim *Neuen Paris*, der *Neuen Melusine* und dem *Märchen* der *Unterhaltungen deutscher Ausgewanderten* ging es dem Dichter jedesmal darum, sie bei ihrer Veröffentlichung als Fortsetzungsgeschichte zu behandeln. Die Mutter war es auch, die ihn durch ihr Beispiel lehrte, *bekannte Märchen aufzufrischen, andere zu erfinden und zu er-*

zählen, ja im Erzählen zu erfinden. Als bestes aber vererbte sie ihm ihre eigene Scheherazadennatur, ihre unerschöpfliche Fabulierfreude gepaart mit der Fähigkeit, *alles was die Einbildungskraft hervorbringen, fassen kann, heiter und kräftig darzustellen.* So konnte Goethe unter *biographischen Einzelheiten* zur Kennzeichnung seiner *Jugend-Epoche* mit Recht von sich sagen: *Ich erzählte sehr leicht und bequem alle Märchen, Novellen, Gespenster- und Wundergeschichten, und wußte manche Vorfälle des Lebens aus dem Stegreif in einer solchen Form darzustellen.* Im Zusammenhang mit inhaltlich ähnlichen Zeugnissen aus Goethes Kindheit und Jugend werden auch die autobiographischen Züge in *Wilhelm Meisters theatralischer Sendung* erkennbar, wo der Held über seine Kindheit berichtet: *Ein Knabe, der sich selbst nicht kennt, der von den Menschen nichts weiß, der von den Werken der Meister allenfalls nur sich zueignet, was ihm gefiel, was will der dichten?* Er habe *die vielen Sachen* aus seiner *Einbildung* genommen, die *wie ein lebendiges Rüsthaus von Puppen und Schattenbildern war, die sich immer durcheinander bewegten.* Später habe der *Geist der Liebe* seine *belebende Kraft* auf ihn ausgeübt: *Was in frühern Zeiten bloß Puppe, Theater, Maske gewesen war, wurde nun mit einem sanften Geiste angehaucht, die Gestalten wurden schöner, reizender ... Ich fing nun an mich selbst zu fühlen, mir Märchen über mich selbst zu erzählen, und nun ging es damit in's weite Land. Es hinderte mich nichts, so schön, so gut, so großmütig, so leidenschaftlich, so elend, so rasend zu sein, als ich wollte. Ich fädelte die Abenteuer nach Belieben ein und löste sie, wie mir gut däuchte.*

Die Selbstbiographie zeigt uns schon den Knaben Goethe als Märchenerzähler. In diesem Zusammenhang heißt es: *Meine Mutter ... hatte mich zur gesellschaftlichen Unterhaltung eigentlich recht ausgestattet. Das leerste Märchen hat für die Einbildungskraft schon einen hohen Reiz und der geringste Gehalt wird vom Verstande dankbar aufgenommen. Durch solche Darstellungen, die mich gar nichts kosteten, machte ich mich bei Kindern beliebt, erregte und ergötzte die Jugend und zog die Aufmerksamkeit älterer Personen auf mich.* Goethe empfand nach seinen eigenen Worten *Lebensgenuß* und *freie Geistesförderung* im Erfinden und Mitteilen von Märchen. Meist drückt diese seiner Natur so gemäße Tätigkeit einen Zustand froher Stimmung aus. So schreibt er von Frankfurt aus 1768 an Käthchen Schönkopf: *Übrigens zeichne ich sehr viel, schreibe Mährgen, und bin mit mir selbst zufrieden.* 1782 heißt es in einem Brief an Charlotte von Stein: *Wir waren munter und vergnügt. Ich erzählte ein Mährgen, worüber viel gelacht wurde.* Das sind typische Beispiele dafür, daß das Fabulieren Ausdruck guter Laune ist und den Erzähler in eine angeregt heitere Stimmung versetzt. Dies spiegelt sich noch im Gedicht *Der Rattenfänger*, wo Goethe sich selber in einer Märchenmaske porträtierte:

> *Dann ist der gut gelaunte Sänger*
> *Mitunter auch ein Kinderfänger*
> *Der selbst die wildesten bezwingt*
> *Wenn er die goldnen Märchen singt.*
> *Und wären Knaben noch so trutzig,*
> *Und wären Mädchen noch so stutzig,*

115

In meine Saiten greif' ich ein,
Sie müssen alle hinter drein.

In *Dichtung und Wahrheit* sehen wir Goethe wiederholt seine Umgebung durch Erzählen von Märchen faszinieren: das »Knabenmärchen« *Der neue Paris* erzählt er Frankfurter Spielgefährten, mit dem »Jünglingsmärchen« *Die neue Melusine* regaliert er den Freundeskreis in Sesenheim. Übrigens sind zur Zeit seiner Begegnung mit Friederike Brion in Sesenheim (1770/71) seine Briefe voll von Märchenwendungen, mit denen er auf den Glückszustand jener Tage anspielt. Da fühlt er sich wie in den *Feengärten*, nach denen er sich gesehnt hatte; ein Andenken an die Geliebte wird ihm zum *Talisman*, ein Stückchen Papier zu einem *geflügelten Pferd*. Als fesselnden, genialen Fabulierer finden wir Goethe wieder in Wetzlar im Kreise von Lottes Geschwistern. Das spiegelt sich noch in den *Leiden des jungen Werthers*, wo wir lesen: *Die Kleinen verfolgten mich um ein Märchen, und Lotte sagte selbst, ich sollte ihnen den Willen tun.* Werther erzählt dann aus dem Märchen *Die weiße Katze* der Baronin Aulnoy, *das Hauptstückchen von der Prinzessin, die von Händen bedient wird.* Über seine Erzähltechnik erfahren wir auch etwas: Da die Kinder darauf bestehen, daß es beim Wiedererzählen keinerlei Abweichungen gibt, übt er sich, die Märchen *unveränderlich in einem singenden Silbenfall an einem Schnürchen weg zu rezitieren.* Schon der Knabe Goethe mußte seinen Gespielen seine Märchen *oft wiederholen.* Das war eine gute Gedächtnisübung, die ihn noch

ein halbes Jahrhundert später befähigte, sein Knabenmärchen hintereinanderweg zu diktieren. Als autobiographisches Zeugnis darf auch gewiß die Situation
angesehen werden, die Werther in einem Brief an Lotte festhält: *O säß' ich zu Ihren Füßen in dem lieben ver-
traulichen Zimmerchen, und unsere kleinen Lieben
wälzten sich mit einander um mich herum, und wenn sie
Ihnen zu laut würden, wollte ich sie mit einem schauerli-
chen Märchen um mich zur Ruhe versammeln.* Werther,
um Lottes Anziehungskraft zu demonstrieren, gedenkt
eines Goethe seit Kindheit vertrauten Märchens aus
1001 Nacht: *Ich bin zu nah in der Atmosphäre – Zuck! so
bin ich dort. Meine Großmutter hatte ein Märchen vom
Magnetenberg: die Schiffe, die zu nahe kamen, wurden
auf einmal alles Eisenwerks beraubt, die Nägel flogen
dem Berge zu, und die armen Elenden scheiterten zwischen den über einander stürzenden Brettern.*

Die Selbstbiographie läßt durchblicken, daß Kinder
eigentlich Goethes Lieblingspublikum waren, wenn
er Märchen erzählte. Sie plagten ihn nicht, wie die
Erwachsenen den *Werther*-Dichter, mit Fragen nach
dem Wahrheitsgehalt des Erzählten. Ihn freute es, den
um ihn versammelten Kindern *recht seltsame Märchen*
zu erzählen, *welche aus lauter bekannten Gegenständen
zusammengesonnen waren; wobei ich den großen Vorteil
hatte, daß kein Glied meines Hörkreises mich etwa zudringlich gefragt hätte, was denn wohl daran für Wahrheit oder Dichtung zu halten sein möchte.* – Die Autobiographie gibt uns auch ein paar Hinweise, was Goethe
über die *bekannten Gegenstände* hinaus, für Stoffe benutzte. Er erwähnt die *Fabeln der Edda* und versichert:

sie gehörten unter diejenigen Märchen, die ich, von einer Gesellschaft aufgefordert, am liebsten erzählte. Als Fabulierer lenkte er sie *nach dem heiteren Märchen hin: denn der humoristische Zug, der durch die ganze nordische Mythe durchgeht, war mir höchst lieb und bemerkenswert. Sie schien mir die einzige, welche durchaus mit sich selbst scherzt, einer wunderlichen Dynastie von Göttern abenteuerliche Riesen, Zauberer und Ungeheuer entgegensetzt, die nur beschäftigt sind, die höchsten Personen während ihres Regiments zu irren, zum Besten zu haben, und hinterdrein mit einem schmählichen unvermeidlichen Untergang zu bedrohen.* Goethe fährt fort: *Ein ähnliches, wo nicht gleiches Interesse gewannen mir die indischen Fabeln ab, die ich aus Dappers Reisen zuerst kennen lernte, und gleichfalls mit großer Lust in meinen Märchenvorrat hineinzog. Der Altar des Ram gelang mir vorzüglich im Nacherzählen, und ungeachtet der großen Mannigfaltigkeit der Personen dieses Märchens blieb doch der Affe Hannemann der Liebling meines Publikums.*

Diese indischen Märchen spielten wieder eine große Rolle, als der nach Frankfurt Zurückgekehrte sich mit Lili Schönemann verlobte und sich mit den zu ihrer Verwandtschaft gehörigen Kindern der Familie d'Orville in Offenbach befreundete. Die Märchenhaftigkeit seines Zustands in dieser Zeit spiegelt sich auch im Gedicht *Lilis Park*, wo der junge Dichter sich in einen Bären verwandelt – eine Reminiszenz an das schon erwähnte Märchen *Die drei Tierbrüder* aus dem *Pentamerone*.

Auf ein Märchen, wiederum das vom Magnetberg,

spielt Goethe an, als er in jener letzten Frankfurter Zeit erstmals die Anziehungskraft von Weimar empfindet. Kurz nach den folgereichen Gesprächen mit den *neuen Menschen* des Weimarer Hofs in Mainz (Dezember 1774) schreibt er an Knebel: *Mir war's ganz seltsam ... Recht wie dem Vogel Greif in eine fremde Welt unter alle die Sterne und Kreuze hinunter geführt, und dadrein so mit ganz offnem Herzen herumgewebt und auf einmal alles verschwunden.* Aus der gleichen Zeit stammt das Lied des Mephistopheles in der Szene Auerbachs Keller von *Faust*, wo Goethe seine grundsätzlichen Bedenken gegen Hof und Hofleute mit *Sternen und Kreuzen* artikuliert. Das Lied hat den Charakter eines satirischen Märchens:

> *Es war einmal ein König,*
> *Der hatt' einen großen Floh,*
> *Den lieb' er gar nicht wenig,*
> *Als wie seinen eignen Sohn.*
> *Da rief er seinen Schneider,*
> *Der Schneider kam heran.*
> *Da, miß dem Junker Kleider,*
> *Und miß ihm Hosen an!*
>
> *In Sammet und in Seide*
> *War er nun angetan,*
> *Hatte Bänder auf dem Kleide,*
> *Hatt' auch ein Kreuz daran,*
> *Und war sogleich Minister,*
> *Und hatt' einen großen Stern.*
> *Da wurden sein Geschwister*
> *Bei Hof auch große Herrn.*

Und Herrn und Fraun am Hofe
Die waren sehr geplagt,
Die Königin und die Zofe
Gestochen und genagt
Und durften sie nicht knicken,
Und weg sie jucken nicht.
Wir knicken und ersticken
Doch gleich wenn einer sticht.

Hier benutzte der junge Stürmer und Dränger das »Es war einmal . . .« der Märchengattung, um Gesellschaftskritik zu üben und speziell Mißstände bei Hofe anzuprangern. Die Frage: kann ich, darf ich diese anrüchige Welt des Hoflebens zum Feld beruflicher Tätigkeit wählen, diese Frage beschäftigte Goethe damals intensiv; das verstärkt die Pikanterie der Märchenverse.

Am Weimarer Hof, wo Goethe bald darauf seine Wirksamkeit begann, waren die Zustände besser als an den meisten andern Höfen. Nach Wielands bewundernden Ausdrücken trat Goethe in Weimar als wahrer *Zauberer*, als *König der Geister*, als *echter Geisterkönig* auf. Auch fand er sich hier wieder in der Rolle des Märchenerzählers: *Ja, bei der Herzogin-Mutter*, so wußte sich der Dichter noch spät zu erinnern, *da improvisierte ich oft eine Erzählung, die sich hören ließ; ich hatte damals des Zeugs zu viel im Kopfe und Motive zu hunderten.* Goethe selbst empfand diese neue Lebensepoche als durchaus märchenhaft. Er spricht von dem *Zaubertal*, in dem er wohne. Was er vollbringt, bezeichnet er als *Zauberhandwerk* und als *Zaubermummerei.* Im

Märchenton spricht er auch von Charlotte von Stein auf ihrem Gut Kochberg:

> *Im Zauberschloß in der Nachbarschaft*
> *Wo eine gute Fee regiert,*
> *Die einen goldnen Zepter führt ...*

Unter Anspielung auf 1001 Nacht schreibt er an die Geliebte: *Ich wünschte, du wärest den ganzen Tag um mich unsichtbar, und trätest Abends wenn ich alleine bin, wie aus der Mauer hervor.* Oder es heißt über sein Leben mit der Freundin: *Es ist mit unserm Umgange, mit unserer Liebe, wie mit den ewigen Märchen der berühmten Dinarzade in der Tausend und einen Nacht, Abends bricht man sie ungern ab, und Morgens knüpft man sie mit Ungeduld wieder an.* Ein andermal spielt er in einem Brief an die Freundin auf das Märchen vom *Einäuglein* – in einer Fassung vor Grimm – an: *Zum erstenmal im Garten geschlafen und nun Erdkulin für ewig.* Das Erdkühlein, ein guter Geist in Tiergestalt, bewohnt ein im tiefen Wald verborgenes kleines Haus. Es rettet Notleidende und wirkt noch auf magische Weise wohltätig, nachdem die Menschen es umgebracht haben. Mit dieser Märchengestalt aus Montanus' *Gartengesellschaft* (um 1560) vergleicht Goethe sich, als er die erste Nacht in seinem Gartenhaus an der Ilm verbrachte, anspielend auf dessen Bescheidenheit, abgeschiedene Lage, und wohl auch auf seine eigene Aufgabe, wohltätig zu wirken als Mensch und als Dichter. In einem Bekenntnis an Charlotte von Stein, das sein Verhältnis zum Herzog Carl August betrifft, spielt Goethe auf das Märchen vom *Froschkönig* an: *Wenn ich nur könnte bei meiner*

Rückkunft Ihnen alles erzählen, wenn ich nur nur dürfte. Aber ach die eisernen Reifen, mit denen mein Herz einge-faßt wird, treiben sich täglich fester an, daß endlich gar nichts mehr durchrinnen wird. – Wenn Sie das Gleichnis fortsetzen wollen, so liegt noch eine schöne Menge Allegorie drin. Durch solche Anspielungen in Briefen erfahren wir auch etwas von Goethes Märchenrepertoire als Erzähler. Schon Briefe aus früherer Zeit zeugen von seiner Vertrautheit mit Märchen. Bereits der 19jährige erwähnt in einem Schreiben an seine Leipziger Freundin Friederike Oeser das Märchenmotiv vom *Stein der Weisen* und stellt sich vor, wie es wäre, *in einen gespaltenen Baum eingezaubert* zu sein – eine Reminiszenz an *Reineke Fuchs.* Auf das Märchen vom *Machandelboom* nimmt Goethe bezug in einem Schreiben an Sophie von La Roche vom März 1774, wo er das unvermutete Erscheinen seiner Farce *Götter, Helden und Wieland* vergleicht mit *jenem Mühlstein, der von Himmel fiel.* Das Machandelboom-Märchen war damals noch in keinem Druck erschienen; Goethe muß es aus mündlicher Tradition kennengelernt haben. – Märchenanspielungen häufen sich wieder während der Italienischen Reise. In Rom fühlt der Dichter sich in einem *Zauberkreise*; er befindet sich darin *wie bezaubert.* Diese Stadt ist für ihn ein *Magnetenberg.* Der öffentliche Garten in Palermo erscheint ihm *feenhaft*; es ist der *wunderbarste Ort von der Welt*, ein *Wundergarten.* Als Gast im Palast des *wunderlichen Prinzeßchen* Filangieri fühlt er sich wie *der Sultan in Wielands Feenmärchen.* 1793 erwähnt er in einem Brief an F.H. Jacobi, wie er nach anspruchsvoller Lektüre des Platon wieder zu seinen eigenen Arbeiten zurückkehrt – unter Anspielung auf Lafontaines *Die verwandelte Katze* – : *Danach ging mirs aber wie jener Hausfrau, die Katze gewesen war und ihres Mannes Tafel gegen eine Maus vertauschte.* Gegenüber Schiller erwähnt Goethe das Märchenmotiv von *jenem kröpfigen Volk, das den gesunden Bau des Halses für eine Strafe Gottes ansah.* Als ihm Büsching 1812 einen Band mit *Volkssagen, Märchen und Legenden* übersendet, fallen ihm gleich Ergänzungsvorschläge ein: wie vom *Gokel, wo der Herr zuletzt selbst gehen muß* oder von einem, *den seine Mutter ausschickt nach Butter, und der unterwegs die Ritzen der aufgeborstenen Erde damit zustreicht* oder vom *Riesen, der Abends nach Hause kommt und immer Menschenfleisch riecht* oder vom *Riesen, dessen Ohrenschmalz und Schmeer aus der Nase viele Zentner, und dessen Barthaare viele Fuder Heu betragen* usw. So durfte Goethe wirklich von sich behaupten, er habe *des Zeugs zu viel im Kopfe und Motive zu hunderten.*

In späteren Jahren fand Goethe nicht mehr oft Gelegenheit zu freien Märchenimprovisationen vor einem Kreis von Zuhörern. Zwar erzählte er noch bis ins hohe Alter gern Märchen, z.B. den eigenen Enkelkindern oder den Prinzessinnen Maria und Augusta. Doch den vollen Drang seiner Fabulierkunst konnte er nicht ausleben, weil es an einem aufnahmebereiten Publikum dafür fehlte. Er mußte sich, wie er 1812 gegenüber Rochlitz gesteht, *abwesende Freunde vergegenwärtigen, wenn ich mir meine alten Märchen in der Einsamkeit zu erzählen anfange.* 1813 klagt er während eines Aufenthalts in Teplitz der Gräfin Constanze von Fritsch: *Die*

*Abende muß ich mich unter mein Schindeldach zurück-
ziehn, niemand will von meinen Märchen etwas wissen.*
Mit wahrem Bedauern bekennt Goethe 1812 in *Dichtung und Wahrheit*, daß er *in der Sozietät, wie sie gewöhnlich ist*, seine Übungen im Märchenerzählen *ein-
stellen mußte*. Verschiedene Typen solcher undankba-
ren Zuhörerschaft führte Goethe innerhalb der *Unterhaltungen deutscher Ausgewanderten* vor: die Baronesse, die selber gar nicht fähig ist, eine Erzählung
beizutragen, stellt an den Fabulierer so *hohe und stren-
ge Forderungen*, daß diesem buchstäblich das Wort im
Munde steckenbleibt; und Karl, ein junger Mann, der
sich gleichfalls aufs Theoretisieren verlegt, ist offenkundig außerstande, als Zuhörer eine angemessene
Einstellung zu Phantasieprodukten zu gewinnen.

Existentielle Bedeutung der Märchen

Die drei von Goethe als selbständige Dichtungen verfaßten Märchen *Der neue Paris, Die neue Melusine* und
das *Märchen* der *Unterhaltungen deutscher Ausgewanderten* erfreuten sich von Anfang an einer ungewöhnlichen Wertschätzung, mit ihnen wurde die Gattung des
Kunstmärchens in Deutschland erst eigentlich konstituiert. Sie behielten eine Vorrangstellung bis heute, es
erwies sich, daß sie in ihrer Art nicht zu übertreffen
waren. Diese Spitzenleistungen sind nur begreiflich,
wenn man sie hervorgegangen sieht aus einem derart
umfassenden Verhältnis Goethes zum Märchen überhaupt, wie es überblicksweise gezeigt wurde. Bei kei-

nem andern deutschen Dichter findet sich Vergleichbares.

Die Virtuosität des Märchendichters Goethe beruhte auf langer Übung. Er hat unzählige Märchen und märchenhafte Partien eingestreut in seine Romane, Dramen und besonders Gedichte. Seine Balladen bezeichnete Goethe ausdrücklich als *Märchen*. Märchen erscheinen aber auch in anderen erzählenden Gedichten, wovon wir nur einige Beispiele zeigten. Lebenslängliches Interesse machte Goethe zu einem unvergleichlichen Kenner und Sammler von Märchenstoffen und -Motiven. Wie sein Dichtertalent sich im Knabenalter zunächst im Aufgreifen von Märchenerzählungen offenbart, so verarbeitet er noch in den letzten Lebensjahren Märchen aus 1001 Nacht, um in *Faust II* wichtige Partien seinen Intentionen gemäß zu gestalten. Diese Affinität zum Märchen basierte auf einem inneren Verhältnis, das wiederum so nur Goethe eigen war. Märchendichtung hatte für ihn existentielle Bedeutung. Wirklich griff sie über in sein eigenes Leben und Erleben. Das zeigt sich selbst in Alltäglichem. Wollte er die Reize einer geliebten Landschaft charakterisieren, verglich er sie mit einem Märchen. So sagte er von der *bedeutenden Mannigfaltigkeit* der Umgebung von Karlsbad: *Sie kommt mir jetzt vor, wie ein höchst interessantes Märchen, das man oft gehört hat, und nun wiederum vernimmt. Die Verwunderung ist abgestumpft; aber man fährt doch immer fort zu bewundern und man weiß nicht recht, wie einem zu Mute ist.* (An August v. Goethe, 3. Juni 1808.) Goethe erfand das schöne Wort *Jahresmärchen*, um das wunderhafte *Abklingen* und Erwachen der Natur im Jahreslauf damit zu kennzeichnen. (*So wiederholt sich denn abermals das Jahresmärchen von vorn. Die Wahlverwandtschaften. Aus Ottiliens Tagebuche.*) In dem ungewöhnlich starken Bedürfnis Goethes, einer lebendigen Zuhörerschaft Märchen zu erzählen, tritt die Integration von Leben und Märchendichtung eindrucksvoll zutage.

Besonders wirkt sich diese Integration jedoch aus in Goethes Neigung, Zustände seines eigenen Lebens als Märchensituationen zu empfinden. Unmittelbare Aussagen in Menge hierüber stammen aus besonders glückhaften Epochen, so aus den ersten Weimarer Jahren und vom Aufenthalt in Italien. Die vielfachen Hinweise auf märchenhaften *Zauber* in den angeführten Beispielen geben hiervon eine Vorstellung. In der zweiten, entbehrungsreichen Lebenshälfte sind solche unmittelbaren Aussagen seltener und klingen resignierter. Wenn Goethe jetzt bisweilen von einem *ganz kleinen, engen Zauberkreis* spricht, den er um sich gezogen hat, so deutet das auf sein unermüdliches Schaffen in der engen *Klause* seines Arbeitszimmers. Seine Dichtungen schickt er von hier aus in die Welt *wie Scheherazade, die ihre Märchen stückweis überliefert.* Merlin, der keltische Zauberer, ist eine Sagenfigur, mit der Goethe sich im Alter verwandt fühlt. Als der 81jährige nach dem Tod seines Sohnes von schwerer Krankheit genas und noch einmal Kraft und *Harmonie* für den Abschluß seiner Lebensarbeit fand, vergleicht er sich mit Merlin, der *vom leuchtenden Grabe her sein Echo vernehmen läßt.* Das Problematische dieses aus Verzweiflung und Euphorie gemischten Endzustands charakterisiert er so: wollte man ihn *nach der Wirklichkeit schildern, so würde es zwischen die Idylle und das Märchen* [!] *hinein-fallen.* (An Boisserée, 20. März 1831.) Von einer anderen problematischen Lebensepoche, den ersten zehn Weimarer Jahren, sagte der alte Goethe ähnlich: die *wahre Geschichte* dieser Zeit könne er allenfalls *nur im Gewande der Fabel oder eines Märchens darstellen; als wirkliche Tatsache würde die Welt es nimmermehr glauben.*

Aus der Integration von Leben und Märchendichtung, die dieser Dichter buchstäblich bis zum letzten Atemzug empfand, erklärt es sich, daß der späte Goethe auch seine autobiographischen Schriften als *Märchen* bezeichnete. *Dichtung und Wahrheit* nennt er *die Tausend und eine Nacht meines wunderlichen Lebens* oder auch seine *alten Märchen*, seine *Lebensmärchen*. Mit der *Italienischen Reise* schrieb er *ein anmutiges Märchen*; er diktiere *das Märchen* [!] *seines zweiten Aufenthalts in Rom*, schrieb er 1828 an Zelter.

Existentielle Bedeutung hatte Märchendichtung für Goethe nicht zuletzt, weil er in ihr die Urform dichterischen Gestaltens sah, zu der es ihn hinzog, wenn er sein eigenes Erleben als Dichter ausdrücken wollte. Entscheidend war jene therapeutische Wirkung, auf die Bruno Bettelheim hinweist: die Lebenshilfe, die das Märchen bringt, wenn es gilt, Lösungen für Probleme der eigenen Existenz zu finden. Für den überwiegenden Teil Goetheschen Schaffens ist charakteristisch, daß der Dichter sich mit ihnen aus eigenen Nöten befreit, Lösungen für seine Lebensprobleme gleichnisartig darstellt. So konnte Goethe von *all seinen Arbeiten* sagen, daß sie Beichten seien, *Bruchstücke einer großen Konfession* (*Dichtung und Wahrheit* Buch 7). Ebenso charakteristisch ist aber, daß Goethe diese *Konfessionen* als Lebenshilfe für die Mitmenschen betrachtet: alle *mögen sich heraussuchen, was ihnen gemäß ist und was im allgemeinen gültig sein mag* (An Zelter, 1. November 1829). Mit der hier betonten Vieldeutigkeit ist eine weitere Parallele zur Märchendichtung genannt: Märchen lassen verschiedene Ausdeutungen zu. Wann immer Goethe Märchen erzählte – in Roman, Drama, Gedichten –, liebte er sie vieldeutig zu gestalten.

In der Vieldeutigkeit des Märchens lag für Goethe eine prinzipielle Ähnlichkeit mit seinem gesamten dichterischen Schaffen. Als Fabulierer wollte er nicht eindeutig direkt moralische Lehren verkünden, vielmehr in *Gesinnung und Darstellung sich mannigfaltig, grenzenlos* erweisen. Nicht zufällig begegnen uns gleichartige Formulierungen, wenn Goethe – im *West-östlichen Divan* – auf die Theorie des Märchens und – in *Dichtung und Wahrheit* – auf die seiner eigenen Dichtung zu sprechen kommt. Von den Märchen sagt er: *Ihr eigentlicher Charakter ist, daß sie keine sittlichen Zwecke haben*, vielmehr den Menschen *unbedingte Freiheit* der Auffassung gewähren. So hat aber auch Poesie, wie Goethe sie aufgefaßt wissen will, keine *moralischen Zwecke*, sie *schwebt über dem Sittlichen und Sinnlichen*, erst *durch einen Umschweif und gleichsam zufällig* kann sie *nützen*. Indem sie *Gesinnungen und Handlungen in ihrer Folge entwickelt*, überläßt sie es dem Leser, sich daraus zu *erleuchten und zu belehren*.

Durch eindeutiges Verkünden moralischer Lehren

wirkt der Philosoph, der religiöse Prophet auf die Welt. Das Vermögen des Dichters, menschenbildend zu wirken, betrachtet Goethe jedoch nicht als geringer. Poesie erweist sich sogar als überlegen, gerade durch die *Mannigfaltigkeit*, die sie mit dem Märchen gemeinsam hat. *Ohne Poesie läßt sich nichts in der Welt wirken: Poesie aber ist Märchen*, sagt Goethe einmal (Zu F. v. Müller, 15. Mai 1822). Bestätigt fand Goethe diese Wirkung von Poesie, wie er sie hier schlechtweg mit Märchen identifiziert, bei dem Propheten des Islam. Obwohl Mohammed *alle Märchen verbot*, weil sie die Moslims von seiner Lehre ablenkten, wird er doch selber immer wieder im *Koran* zum Erzähler von *Legenden, bedient sich manches Märchenhaften, für seine Zwecke Dienlichen* – auf die Wirkungsmittel des Poeten kann auch der Prophet nicht verzichten.

Der Satz *Poesie ist Märchen*, von Goethe gesprochen, drückt überspitzt seine Meinung aus. (*Der Mund ist kühner als die Feder*, schrieb er einmal einem Freund.) Den Hintergrund bildet einerseits das Faktum, daß Goethes Fabulieren immer nach Art des Märchens gleichnishaft, sinnbildlich aufzufassen ist; andererseits deutet der Satz auf Goethes Vorliebe für Einfügung echt märchenhafter Züge in seine Dichtung. Durch das Spiel mit dem Wunderbaren, Unmöglichen, wie es bei ihm im Roman oder Drama auftaucht, lenkt er die Aufmerksamkeit unausweichlich auf den Symbolcharakter seines Fabulierens. Es geschieht dies mit stärkster Akzentsetzung am *Egmont*-Schluß durch die Traumapotheose Clärchens, in den *Lehrjahren* durch das wunderhafte Einwirken Mignons als *Schutzgeist*, am Schluß der *Wanderjahre* durch das Märchen von Makaries geheimnisvollem Sternwissen.

Eine Reflexion Goethes über das Verhältnis zwischen Märchen und Roman zeigt zum Erstaunen, wie verwandt ihm beide erscheinen. Und zwar deshalb, weil er das dem Märchen eigene Spielen mit *unmöglichen Bedingungen* gleichfalls dem Roman als Charakteristikum zuspricht:

Märchen: das uns unmögliche Begebenheiten unter möglichen oder unmöglichen Bedingungen als möglich darstellt.

Roman: der uns mögliche Begebenheiten unter unmöglichen oder beinahe unmöglichen Bedingungen als wirklich darstellt.

Der Anteil des *Unmöglichen* beim Roman unterscheidet sich nur graduell von dem beim Märchen. Solche Auffassung – unannehmbar für alle »realistischen« Schriftsteller – beweist, wie bei Goethe das Verhältnis zum Märchen sein Dichten beeinflußt. Es ist die Auffassung dessen, der sagen konnte: *Poesie ist Märchen.*

Als Märchendichtung betrachtete Goethe nicht nur die eigentlichen Märchen, wie die von 1001 Nacht, die er am meisten schätzte. Märchen waren für ihn auch alle andern Erzählungen, in denen das Unmögliche, Wunderbare die Grundlage bildet: Legenden, Sagen, Mythen der Antike und des nordischen Altertums, Wundergeschichten aus der Bibel und sonstigen – westlichen oder östlichen – Traditionsbereichen.

Alle Liebe zum Wunderbaren bei Goethe war selbstverständlich nur eine Passion des Dichters, galt der symbolischen Ausdruckskraft. Der Gelehrte und Naturforscher Goethe, dessen lebenslanges Streben sich auf die Unterscheidung von Möglichem und Unmöglichem richtete, war erklärter Feind allen Wunder- und Aberglaubens. Naivem Glauben an die Wunder Christi begegnete er mit Spott. Das hinderte ihn nicht, z.B. in der Erzählung vom auf dem Meere wandelnden Jesus *eine der schönsten Legenden* zu sehen – an Symbolgehalt erschien ihm diese Geschichte unübertreffbar.

Zur Entstehung des *Neuen Paris*

Am 3. Juli 1811 während eines Aufenthalts in Jena meldet Goethes Tagebuch: *Der neue Paris, Knabenmärchen, diktiert.* Am folgenden Tag heißt es ebenso lakonisch: *Revision des Märchens.* Damit sind die Entstehungsdaten dieses Kunstmärchens in seiner reifen Form bezeichnet. Der Dichter fügte es ein ins zweite Buch von *Dichtung und Wahrheit* und versicherte bei der Gelegenheit, daß es ihm *noch ganz wohl vor der Einbildungskraft und im Gedächtnis* schwebe, da er es seinen *Gespielen oft wiederholen mußte.* In *Dichtung und Wahrheit* dient dieses Märchen als *Musterstück* für die in Kinderzeiten selbsterfundenen Geschichten, von denen er beteuert, er habe *Wohlwollende sehr glücklich machen* können, wenn er *ihnen Märchen erzählte: besonders liebten sie, wenn ich in eigner Person sprach, und hatten eine große Freude, daß mir als ihrem Gespielen so wunderliche Dinge könnten begegnet sein, und dabei gar kein Arges, wie ich Zeit und Raum zu solchen Abenteuern finden können, da sie doch ziemlich wußten, wie*

ich beschäftigt war, und wo ich aus- und einging. Nicht
weniger waren zu solchen Begebenheiten Lokalitäten,
wo nicht aus einer andern Welt, doch gewiß aus einer
andern Gegend nötig, und alles war doch erst heut oder
gestern geschehen. Sie mußten sich daher mehr selbst be-
trügen, als ich sie zum besten haben konnte. Und wenn
ich nicht nach und nach, meinem Naturell gemäß, diese
Luftgestalten und Windbeuteleien zu kunstmäßigen
Darstellungen hätte verarbeiten lernen, so wären solche
aufschneiderische Anfänge gewiß nicht ohne schlimme
Folgen für mich geblieben.

Betrachtet man diesen Trieb recht genau, so möchte
man in ihm diejenige Anmaßung erkennen, womit der
Dichter selbst das Unwahrscheinlichste gebieterisch
ausspricht, und von einem jeden fordert, er solle dasjeni-
ge für wirklich erkennen, was ihm, dem Erfinder, auf
irgendeine Weise als wahr erscheinen konnte.

Man hat lange an der Gedächtnisleistung des alten
Goethe gezweifelt, mit der er ein vor einem halben
Jahrhundert geschaffenes Märchen nachzuerzählen
behauptete, und hat alles nur als Erfindung des 62jähri-
gen Dichters gelten lassen wollen. Doch gründliche
Nachforschungen haben Ernst Beutler befähigt, die
Richtigkeit von Goethes Behauptung zu erweisen und
das Märchen in seiner kindlichen Fassung etwa auf das
Jahr 1763 zu datieren. Es fanden sich nämlich Gestalten
und Szenen des Märchens, wie die Zinnsoldaten in
Form griechischer Krieger, der Reiterkampf um die
Brücke, die Kanonen und der orientalisch gekleidete
Alte auf den Leinwandtapeten, die die Frankfurter
Maler von 1759 bis 1761 im Giebelzimmer des jungen

Goethe für den Königsleutnant Thoranc geschaffen hatten. Beutler entdeckte sie in Grasse en Provence, Rue des Dominicains, in dem Haus, für das sie bestimmt gewesen waren. Im Ausgabenbuch des Vaters fand Beutler eine Eintragung, wonach Wolfgang einen silbernen Degen im September 1761 erhalten hat; und die verschiedenfarbigen Edelsteinäpfel stammten von dem Hanauer Juwelier Lautensack, den der Knabe in den Jahren 1762/63 besuchte. Die *schlimme Mauer*, hinter die der Erzähler den Wundergarten verlegt, war Volksetymologie für die Slimmengasse (jetzt Stiftstraße). Der Name rührte her von einem Frankfurter Bürger des 14. Jahrhunderts: Hans Slimme. Sie zieht im Bogen von der Zeil am Senckenbergischen Stift vorbei zum Eschenheimer Turm. In diese Gartenmauer des Bürgers Slimme war ein Brunnen eingebaut. Zu den Frankfurter Wirklichkeiten, die sich in Traum- und Märchenstoff verwandelten, gehörten auch die Mittagstafel bei den Großeltern, der Besuch des Gottesdienstes, die Gärten, der Zwinger, die Kunstsammlungen der Liebhaber und die Kleidung, die der Mode jener Zeit entsprachen.

Charakteristisch für das kindliche Erleben ist die Freude an prächtigem Spielzeug, Obst, Süßigkeiten, Musik und Tanz. Durch frühe Homer-Lektüre sind dem jungen Wolfgang *Paris*, *Achill*, *Amazonen* wie *Merkur*-Hermes vertraut, und aus Ovid mag er die Geschichte des in sein eigenes Spiegelbild verliebten *Narziß* kennen. Mit dem trojanischen Helden hat die Märchenerzählung, dem sie ihren Titel verdankt, allerdings nicht mehr viel gemein; und das Apfel-Brautwerbungs-Motiv ist anders gewendet. Daran erkennen wir jedoch den kindlichen Fabulierer wieder, der seit frühesten Zeiten eigenwillig-selbstschöpferisch Geschichten umgestaltete.

Als echte Traumphantasie erscheint die Situation des Sich-Anziehens und Damit-nicht-fertig-werden-Könnens oder das Immer-in-der-Runde-Gehen. Auch das Sichverwandeln der Äpfel in Puppen und ihr Verschwinden hat Traumcharakter, ebenso wie das Zerbrechen, Wiederaufstehen und Fortgaloppieren der Amazonen und Krieger.

Wie der Held zu Beginn der Erzählung in seinen neuen Sommerkleidern vorm Spiegel steht, erweist er sich als wahrer *Narziß*, so auch beim Umkleiden in orientalisches Kostüm und wenn er in voller Nacktheit stolz in dem erfrischenden Strahlbad daherschreitet. Es ist ein Kind mit ausgeprägtem, ungebrochenem Selbstvertrauen. Das zeigt sich auch in der Redeweise, die sogar den alten Pförtner in die Knie zwingt. Der Held des Märchens weiß, daß er ein zu Großem auserkorener *Götterliebling* ist. Wißbegier, Schönheitssinn, Mut, Beredsamkeit gehören ebenso zu seinen Hauptkennzeichen wie Freude am Rivalisieren, Mangel an Selbstbeherrschung und ein gefährliches Übermaß an Temperament.

Bemerkenswert ist, daß wir hier schon auf den Frauentyp stoßen, der für Goethe am allerattraktivsten werden sollte: es sind nicht die eigentlich schönen und vornehmen Damen, die ihn am meisten fesseln, sondern deren Dienerin, die quicklebendige, natürliche, temperamentvolle *Alerte*, der Typ der niedlichen Kleinen.

Zur Deutung des *Neuen Paris*

Zur Deutung des *Neuen Paris* gab Goethe selbst wesentliche Hinweise, wie wir sie bei seinen andern beiden Kunstmärchen entbehren. Der Inhalt des gesamten zweiten Buchs von *Dichtung und Wahrheit*, in dem das Märchen erscheint, steht derart mit ihm in Verknüpfung, daß das autobiographisch Erzählte einen reichhaltigen Kommentar bildet, im Märchen anderseits die Quintessenz der Geschichtserzählung zusammengefaßt ist.

Keinen Zweifel ließ Goethe, daß das Märchen vorausdeutet auf sein künftiges Dichtertum. Die auf den *Neuen Paris* überleitenden Worte weisen ausdrücklich auf die Fähigkeit des Dichters hin, das Unmögliche als möglich darzustellen, wovon das Märchen eine anschauliche Probe geben soll. Die Reaktion der Zuhörer, wie Goethe sie schildert, entspricht der späteren Aufnahme seiner Dichtung, die er oft beklagte. Das Publikum ist einseitig an Stofflichem interessiert. So fragen auch die Hörer des Märchens nur nach dem Äußerlichsten, der Lokalität, wo an der Schlimmen Mauer das Pförtchen sein sollte. Fraglos ist damit der Knabe Goethe-Paris, der im Traum Götterbotschaft empfängt, dem sich Zaubersphären öffnen, die andern verschlossen bleiben, bereits Vordeutung auf den späteren Dichter – wozu auch die übrigen Eigenschaften passen: Schönheitssinn, Redegabe, Phantasiereichtum usw.

Vor allem werden aber durch die Geschichtserzählung von *Dichtung und Wahrheit* auch inhaltliche

Hauptzüge des Märchens interpretiert. Höhepunkt der Handlung ist die Szene, wo ein paradiesisch friedlicher Zustand durch jugendliche Streitsucht, kindisches Spielen mit Soldaten gestört wird. Entsprechendes hatte der Knabe Goethe an den Erwachsenen seiner Vaterstadt beobachtet. Am Anfang des 2. Buchs von *Dichtung und Wahrheit* berichtet er von dem glücklich behaglichen Leben, das Frankfurt nach langen Friedensjahren genoß. Dieser Zustand wird gestört, als kurz nach seinem 7. Geburtstag der Siebenjährige Krieg ausbricht. Durch maßlos leidenschaftliches Parteinehmen für die Kriegführenden gerät alles in Streit. Auch in Goethes Verwandtschaft entstehen Spaltungen in zwei feindliche Lager. Dem Knaben wird das Leben dadurch verbittert, es will ihm *kein Bissen mehr schmekken*. Die inneren Parteistreitigkeiten erscheinen dem Berichterstatter als höchst unangebracht, *willkürliche, eingebildete Übel*. War doch bereits eine Bedrohung von außen zu befürchten. *Wahre Unbequemlichkeiten* kamen erst, als die Franzosen Frankfurt besetzten.

Die kriegerische Streitsucht der Erwachsenen gab den Kindern ein schlechtes Vorbild, was Goethe anschließend wiederum ironisch kritisiert. *Kleine Heere* werden aufgestellt, die Spielgefährten verschaffen sich Rüstungen und waffenartige Requisiten. Es kommt zu Gefechten, die *mit Schlägen, Händeln und Verdruß gewöhnlich ein schreckliches Ende nahmen*. Den Anhängern seiner eigenen Partei erzählt nun der Knabe Goethe das Märchen vom *Neuen Paris*, das in der Schilderung hitziger Kriegsspiele kulminiert. Das *schreckliche Ende* besteht im unersetzlichen Verlust der Spielzeugsoldaten, Paris sieht sich angeklagt, weil er *das Vertrauen mißbrauchte*, gegen die Bedingungen eines Märchenparadieses verstieß. Kritisch hält damit das Märchen Kindern wie Erwachsenen einen Spiegel vor. Es warnt vor dem Spielen mit kriegerischer Gesinnung: selbst Kinder gefährdet es, Erwachsene, die sich ihm ohne akute Bedrohung hingeben, benehmen sich kindisch und tragen gleichfalls Schaden davon.

Das *Knabenmärchen* entspricht damit Goethes künftiger Einstellung: seiner grundsätzlichen Abneigung gegen Krieg und Soldatenspielen. Schon im Namen des Helden Paris, das ergibt sich ferner, liegt eine ominöse Zweitbedeutung, die beachtet sein will. Der antike Paris ist nicht nur berühmt durch die Apfelepisode, er gab auch – als Entführer Helenas – Anlaß zu dem unheilvollen Krieg, der seine Vaterstadt Troja zugrunde richtete. *Unglücksparis* wird er deswegen bei Homer genannt. Mit dem Namen Paris deutet Goethe also auch kritisch warnend auf die negativen Folgen der Kriegsspiele seines Märchens.

Nachdem *Der neue Paris* zuende erzählt ist, berichtet Goethe über weitere Kindheitserfahrungen, die wiederum Züge der Märchenhandlung als symbolischen Reflex erscheinen lassen. Unbeherrschtheit wird zur bedeutungsvollen Eigenschaft, die den Knaben Paris-Goethe zum Friedensstörer macht. Die Zuspitzung des Kriegsspieles beginnt damit, daß Paris von Alerte übermütig herausgefordert wird. Er erträgt die Provokation nicht, durch sie wird seine Kampfwut ins Maßlose gesteigert. Mit dem Zug der Unbeherrschtheit weist Goethe auf eine eigene Schwäche, die Schwierigkeit einer Entwicklungsphase. Unmittelbar anschließend an das Märchen berichtet er über diese Schwierigkeit. Kinder machen sich ein Vergnügen daraus, mit rohem Mutwillen einander sowohl mündlich als tätlich zu attackieren. Der temperamentvolle junge Goethe neigt dazu, auf solche Angriffe und Herausforderungen zornig aufbrausend zu reagieren. Sein Verstand sagt ihm anderseits, wie sehr er sich damit in Nachteil setzt. Um diesen Gefahren ein für allemal zu begegnen, sucht er sich energisch zur Selbstbeherrschung zu erziehen. Statt sich der *Weichlichkeit* seiner Dichterträume hinzugeben, so erzählt er, habe er sich gegen Herausforderung *abzuhärten* getrachtet. Systematisch übt er sich in geduldigem Leidenstrotz. Goethes ausführliche Schilderung seiner einzigartigen *Übungen im Stoizismus* zeigen eine frühe Maßnahme der Selbsterziehung; das Fehlverhalten des Paris sollte ihn nicht durchs Leben begleiten. Selbstbeherrschung kennzeichnet denn auch den späteren Goethe, der Polemik zu meiden suchte, Angriffe nicht unmittelbar erwiderte, Feindschaften langmütig und geduldig ertrug.

Zu den Provokationen durch *mißwollende* Spielgefährten gehörte es, daß sie den jungen Goethe höhnisch der Eitelkeit bezichtigten, in anderen Fällen wirklich in ihm etwas wie Eitelkeit weckten. Auch das knüpft thematisch an das Märchen an: Paris liebt es, sich im Spiegel zu betrachten, auf Eitelkeit weist schon die Benennung *Narziß*. Für den jungen Goethe wird aber seine Eitelkeit nicht zum eigentlichen Problem. Er rügt sie *Dichtung und Wahrheit* zufolge nur flüchtig, bekämpft sie aber nicht – wie den Mangel an Selbstbeherrschung – mit umständlichen Maßnahmen. Das entspricht auch der späteren Einstellung Goethes, der Eitelkeit nicht nur als Schwäche kannte; gepaart mit Vernunft, betrachtete er sie als eine dem Menschen im geselligen Leben unentbehrliche Eigenschaft.

Mit der läßlichen Behandlung des Themas Eitelkeit steht ein Zug des Märchens in scheinbarem Widerspruch: wie hier der auf Eitelkeit deutende Name Narziß erscheint, klingt er sehr ernst. Schwerwiegendes – wie beim Namen Paris – scheint auch in ihm ausgedrückt. Beide Namen werden von – wahrsagenden? – Vögeln ausgerufen, und ausdrücklich heißt es, daß der alte Pförtner, der die Einsicht des Märchenweisen besitzt, den Knaben dabei *immer ernst ansieht.* Zweifellos hört er aus dem Namen Paris die Prophezeiung von bedenklichem Fehlverhalten heraus, offenbar aber auch aus dem Namen Narziß: auf beides hin prüft er den Knaben mit ernstem Blick.

Mit dem prüfenden Blick des Alten macht Goethe auf Wichtiges aufmerksam, das sonst leicht übersehen wird. Narziß ist im antiken Mythos nicht nur selbstgefällig eitel, seine Haupteigenschaft besteht darin, daß er niemanden liebt außer sich selbst, an dieser Selbstliebe geht er zugrunde. Eigenliebe zeigt aber auch der neue Paris, wenn man einmal darauf achtet. Als Merkur ihm die drei Äpfel überreicht, erklärt der Götterbote nachdrücklich, sie seien *nicht für ihn bestimmt,* er solle vielmehr andere damit beschenken, deren Glück von den Äpfeln abhängt. Der junge Paris handelt dem Götterauftrag zuwider: er denkt bei den drei Äpfeln und bei den schönen Frauen, die sich aus ihnen entwickeln, ausschließlich an sich, wie weit sie für ihn selbst als Eroberungen in Frage kommen. Als er sich am Schluß, um einer Bestrafung zu entgehen, auf den Auftrag des Merkur beruft, der ihn zum Götterliebling mache, durchschaut der weise Alte seine Selbstigkeit. Paris verlangt nämlich, auch wenn er die drei Äpfel weggibt, doch für sich einen *Lohn*, den Besitz Alertes! Freundlich wird er daraufhin aus dem Märchenparadies hinauskomplimentiert. Es wiederzubetreten scheint möglich, doch nur, so steht zu erwarten, nach Besserung der Fehler: Unbeherrschtheit und Eigenliebe.

Sofern *Der neue Paris* auf Goethes künftiges Dichtertum weist, ist mit der Selbstliebe des Helden auf etwas sehr Wichtiges hingedeutet. Es war Goethes Prinzip, daß all sein Dichten der Beglückung anderer dienen sollte. Hierüber spricht das Gedicht *Zueignung*, wo Goethe von der Muse *der Erde schönste Gabe*, sein Dichtertum, geschenkt wird. (Gleichbedeutend mit der Apfelüberreichung durch Merkur.) Die Muse mahnt den Dichter: sei kein *Übermensch*, der sein *Glück nur mit sich selbst genießt*, leb mit der Welt in Frieden und diene den *andern*, die deiner bedürfen und von denen du dich wenig unterscheidest. Im *Neuen Paris* wird ähnliches ausgedrückt durch den Hinweis auf die von Paris-Narziß noch zu erwerbenden Eigenschaften: Friedfertigkeit und Altruismus. Das Ziel, zu dem der Knabe Goethe hinstrebt, steht in Umrissen schon fest; das Märchen weist in Form von Warnungen darauf hin, die zu Selbstkritik führen. Wie so oft in Goethes Autobiographie wird nur andeutend von Vorzügen und Fähigkeiten gesprochen.

In den bisher betrachteten Bezügen des Märchens auf Goethes eigene Probleme liegen die wichtigsten Voraussetzungen für seine Deutung. Es bleibt aber reichlich Spielraum für weitere Auslegung. Die von Goethe angestrebte Vieldeutigkeit seiner Märchendichtungen erweist sich im *Neuen Paris* schon darin, daß die persönlichen Konfessionen des Verfassers allgemeinmenschliche Gültigkeit genug haben, jeder kann sich *das ihm Gemäße heraussuchen.* Mit der – auch in 1001 Nacht oft ausgesprochenen – Mahnung, daß das Verweilen in einem Glückszustand an das Einhalten von Bedingungen geknüpft ist, berührt Goethe ein Lebensgesetz, das niemand ungestraft verletzt. Das hitzige Gefecht zwischen Mädchen und Knabe, mit der Freude am Provozieren und Verletzen des Partners, spiegelt nicht nur Kriegslust mit ihren bösen Folgen, man kann sehr wohl auch an ein Fehlverhalten zwischen Mann und Frau denken, wie es so oft Ehen untergräbt.

Vieldeutigkeiten dieser Art gibt es mehr. Besonders in die Bildsprache hat Goethe manches hineingeheimnist. Hierfür ein Beispiel. Mit aparter Sprachkunst wird von Goethe geschildert, wie goldene *Spieße, Speere, Hellebarden, Partisanen* den Zutritt in einen paradiesischen Bereich verwehren. Sie verhindern sogar jeglichen Einblick, weil zu beiden Seiten eines *sanften Wassers* Spieße und Partisanen ein Gitter bilden in *so künstlicher Weise, daß auf einen Zwischenraum diesseits gerade ein Spieß oder eine Partisane jenseits paßte, und man also, die übrigen Zieraten mitgerechnet, nicht hindurchsehen konnte, man mochte sich stellen, wie man wollte.* Zwar deutet das martialische Gitter vor auf die kommenden Kriegsspiele, es fällt aber doch die Umständlichkeit auf, mit der die Undurchsichtbarkeit charakterisiert wird. Die detaillierte Schilderung, für Handlung und Symbolik nicht unbedingt notwendig, verselbständigt sich zu einem Bild, das sich dem Leser einprägt, ihm offenbar etwas sagen will. Fragt man nach der Bedeutung, so scheint auch hier wieder auf Allgemeingültiges gewiesen zu sein etwa in dem Sinn: jeglicher Glückszustand, jedes Paradies in dieser Welt ist verschanzt, verbarrikadiert, gefährliche Waffen verwehren den Zutritt. So fordert alles Erreichen von sehr erstrebenswerten Zielen viel Mut, mit Gefahren fertig zu werden, denn es gilt, das Unmögliche möglich zu machen. Die ganze Szenerie erinnert an das Wort des *Egmont*-Dichters: *Ich bin gewohnt, vor Speeren gegen Speere zu stehn.* Daß auch nach dem Erreichen eines Glückszustands das Leben gefährlich bleibt, darauf deutet das Bild: Paris und Alerte spielen auf unsicherm Boden, auf der aus Partisanen und Lanzen gebildeten Brücke. Durch die Bildsprache allein, nicht durch moralisches Belehren weist das Märchen hin auf Lebensgesetze, die jeden betreffen. Denn alles Leben besteht im Streben nach Glück.

Zur Entstehung
der *Neuen Melusine*

In *Dichtung und Wahrheit* berichtet Goethe, daß er als Student in der Familie des Pfarrers Brion zu Sesenheim sein *Märchen von der neuen Melusine* erzählte, nachdem sein Straßburger Tischgenosse Weyland ihn dort Anfang Oktober 1770 eingeführt hatte:

Der Vater hatte sich entfernt, sein Mittagsschläfchen zu halten, die Mutter war in der Haushaltung beschäftigt, wie immer. Der Freund aber tat den Vorschlag, ich solle etwas erzählen, worein ich sogleich willigte. Wir begaben uns in eine geräumige Laube, und ich trug ein Märchen vor, das ich hernach unter dem Titel »die neue Melusine« aufgeschrieben habe. Es verhält sich zum »neuen Paris« wie ungefähr der Jüngling zum Knaben, und ich würde es hier einrücken, wenn ich nicht der ländlichen Wirklichkeit und Einfalt, die uns hier gefällig umgibt, durch wunderliche Spiele der Phantasie zu schaden fürchtete. Genug, mir gelang, was den Erfinder und Erzähler solcher Produktionen belohnt, die Neugierde zu erregen, die Aufmerksamkeit zu fesseln, zu voreiliger Auflösung undurchdringlicher Rätsel zu reizen, die Erwartungen zu täuschen, durch das Seltsamere, das an die Stelle des Seltsamen tritt, zu verwirren, Mitleid und Furcht zu erregen, besorgt zu machen, zu rühren und endlich durch Umwendung eines scheinbaren Ernstes in geistreichen und heitern Scherz das Gemüt zu befriedigen, der Einbildungskraft Stoff zu neuen Bildern und dem Verstande zu fernerm Nachdenken zu hinterlassen.

Sollte jemand künftig dieses Märchen gedruckt lesen und zweifeln, ob es eine solche Wirkung habe hervorbringen können, so bedenke derselbe, daß der Mensch eigentlich nur berufen ist, in der Gegenwart zu wirken. Schreiben ist ein Mißbrauch der Sprache, stille für sich lesen ein trauriges Surrogat der Rede. Der Mensch wirkt alles, was er vermag, auf den Menschen durch seine Persönlichkeit,

die Jugend am stärksten auf die Jugend, und hier ent-
springen auch die reinsten Wirkungen ...

*Nachdem ich in jener Laube zu Sesenheim meine
Erzählung vollendet, in welcher das Gemeine mit dem
Unmöglichen anmutig genug wechselte, sah ich meine
Hörerinnen, die sich schon bisher ganz eigen teilneh-
mend erwiesen hatten, von meiner seltsamen Darstellung
auf's äußerste verzaubert. Sie baten mich inständig,
ihnen das Märchen aufzuschreiben, damit sie es öfters
unter sich und vorlesend mit andern wiederholen könnten. Ich versprach es um so lieber, als ich dadurch einen
Vorwand zu Wiederholung des Besuchs und Gelegenheit zu näherer Verbindung mir zu gewinnen hoffte. Die
Gesellschaft trennte sich einen Augenblick, und alle
mochten fühlen, daß, nach einem so lebhaft vollbrachten
Tag, der Abend einigermaßen matt werden könnte. Von
dieser Sorge befreite mich mein Freund, der sich für uns
die Erlaubnis erbat, sogleich Abschied nehmen zu dürfen, weil er ... diese Nacht in Drusenheim zuzubringen
und morgen zeitig in Straßburg zu sein wünsche.*

*Unser Nachtquartier erreichten wir beide schweigend;
ich, weil ich einen Widerhaken im Herzen fühlte, der mich
zurückzog, er, weil er etwas anderes im Sinne hatte, das er
mir, als wir angelangt waren, sogleich mitteilte. – »Es ist
doch wunderlich, fing er an, daß du gerade auf dieses
Märchen verfallen bist. Hast du nicht bemerkt, daß es einen ganz besondern Eindruck machte?« – Freilich, versetzte ich darauf; wie hätte ich nicht bemerken sollen, daß
die Ältere bei einigen Stellen, mehr als billig, lachte, die
Jüngere den Kopf schüttelte, daß ihr euch bedeutend an-
saht, und daß du selbst beinah aus deiner Fassung ge-*

kommen wärest. Ich leugne nicht, es hätte mich fast irre gemacht: denn es fuhr mir durch den Kopf, daß es vielleicht unschicklich sei, den guten Kindern solche Fratzen zu erzählen, die ihnen besser unbekannt blieben, und ihnen von den Männern so schlechte Begriffe zu geben, als sie von der Figur des Abenteurers sich notwendig bilden müssen. – »Keineswegs! versetzte jener; du errätst es nicht, und wie solltest du's erraten? Die guten Kinder sind mit solchen Dingen gar nicht so unbekannt, als du glaubst; denn die große Gesellschaft um sie her gibt ihnen zu manchem Nachdenken Anlaß, und so ist überrhein gerade ein solches Ehepaar, wie du es, nur übertrieben und märchenhaft, schilderst. Er gerade so groß, derb und plump, sie niedlich und zierlich genug, daß er sie wohl auf der Hand tragen könnte. Ihr übriges Verhältnis, ihre Geschichte paßt ebenfalls so genau zu deiner Erzählung, daß die Mädchen mich ernstlich fragten, ob du die Personen kenntest und sie schalkhaft dargestellt hättest? Ich versicherte nein! und du wirst wohl tun, das Märchen ungeschrieben zu lassen. Durch Zögern und Vorwände wollen wir schon eine Entschuldigung finden.«

Ich verwunderte mich sehr: denn ich hatte weder an ein diesrheinisches noch an ein überrheinisches Paar gedacht, ja ich hätte gar nicht anzugeben gewußt, wie ich auf den Einfall gekommen. In Gedanken mochte ich mich gern mit solchen Späßen, ohne weitere Beziehung, beschäftigen, und so, glaubte ich, sollte es auch andern sein, wenn ich sie erzählte.

Goethe folgte dem Rat seines Freundes Weyland und ließ das Märchen damals ungeschrieben. Seinem eigenen Hinweis zufolge hatte *Die neue Melusine* zu jener

Zeit eine andere, *unschuldigere* Form. Die endgültige Fassung entstand erst 37 Jahre später. 1812 wurde von ihr eine Reinschrift hergestellt für *Dichtung und Wahrheit*. Der Druck unterblieb jedoch, Goethe beließ es bei dem hier zitierten Bericht.

*

Der Titel *Neue Melusine* spielt auf die alte Melusinen-Sage an, die zurückgeht bis zu einer französischen Chronik aus dem 14. Jahrhundert. Jean d'Arras schrieb sie zu Ehren der Ahnherrin des Geschlechts von Lusignan, das eine Meerfee mit Fischschwanz im Wappen führt. Die Titelheldin Melusine steht durch ihre Feenmutter unter dem Gebot, sich jeweils sonnabends in eine Meerfee zurückzuverwandeln. Ritter Raimond, ihr auserwählter Gatte aus der Menschenwelt, bricht sein Versprechen, sie sonnabends zu meiden. Er belauscht sie im Bade und entdeckt ihren Fischschwanz. Nach der Verletzung des Geheimnisses flieht ihn das Glück. Raimond beleidigt Melusine, worauf sie klagend entweicht.

Diese Geschichte von der Verbindung eines übernatürlichen Wesens mit einem Sterblichen und deren Lösung hat Goethe lange beschäftigt. Als Elfjähriger lernte er das deutsche Volksbuch von der schönen Melusine kennen. Eine Anspielung im *Werther* zeigt, daß sich der junge Dichter zeitweilig mit der Heldin identifizierte: *Da ist gleich vor dem Orte ein Brunnen, ein Brunnen, an den ich gebannt bin wie Melusine mit ihren Schwestern.* Im September 1782 scheint Goethe eine erste schriftliche Ausarbeitung in Angriff genommen zu haben, denn er schreibt an Frau von Stein, er fange an, sich *den ersten Teil, vielmehr den Anfang meines Märchens ausführlicher zu denken und stellenweise Verse zu versuchen*, und fügt den Stoßseufzer hinzu: *es ginge wohl, wenn ich Zeit hätte und häusliche Ruhe*. Danach taucht ein Melusinen-Motiv nochmals im November 1782 in einem Brief an die Freundin auf: *Ich strich um mein verlassen Häuschen* (im Park), *wie Melusine um das ihrige, wohin sie nicht zurückkehren sollte, und dachte an die Vergangenheit, von der ich nichts verstehe, und an die Zukunft, von der ich nichts weiß*. Dem Freund Knebel meldet er ein paar Tage später: *Ich komme fast nicht aus dem Hause, versehe meine Arbeiten und schreibe in guten Stunden die Märchen auf, die ich mir selbst zu erzählen von jeher gewohnt bin*. Innere und äußere Gründe verhinderten auch jetzt das Zustandekommen einer Melusinen-Dichtung. Doch gibt es Anzeichen genug dafür, daß Goethe immer wieder daran gedacht hat. So wird das *Märchen von der schönen Melusine* in den *Unterhaltungen deutscher Ausgewanderten* (1795) erwähnt im Zusammenhang mit einer Erzählung von einer Schönen, die ihren Geliebten verlassen muß und dies mit Klagen und unter Hinterlassung dreier glückbringender Gaben tut.

An Schiller, der für seine Zeitschrift *Die Horen* um Beiträge bat, schrieb Goethe im Februar 1797: *Das Märchen mit dem Weibchen im Kasten lacht mich manchmal auch wieder an, es will aber noch nicht recht reif werden*. Während seiner Reise in die Schweiz 1797 hoffte Goethe das Märchen ausarbeiten zu können. Er schrieb an Schiller von Frankfurt aus am 12. August:

Für einen Reisenden geziemt sich ein skeptischer Rea-
lism. Was noch idealistisch an mir ist, wird in einem
Schatullchen, wohlverschlossen, mitgeführt wie jenes
undenische Pygmäenweibchen; Sie werden also von die-
ser Seite Geduld mit mir haben. Wahrscheinlich werde
ich Ihnen jenes Reisegeschichtchen auf der Reise zusam-
menschreiben können.

Es dauerte aber noch weitere zehn Jahre, bis das
Märchen wirklich *reif* wurde. Während eines Aufent-
halts in Jena meldet das Tagebuch vom 21. Mai 1807:
Um sieben Uhr Die neue Melusine diktiert. Am folgen-
den Tag: *Um sieben Uhr Fortsetzung des gestrigen*
Kapitels. Dann reist Goethe nach Karlsbad, von wo sein
Tagebuch am 29. Mai verlautbart: *Allein spazieren, als-*
dann Den neuen Raimond angefangen. Am 30. Mai:
Neuen Raimond diktiert. Und am 31. Mai meldet das
Tagebuch den *Beschluß der Zwergengeschichte.*

Damals war das Märchen bestimmt für *Wilhelm*
Meisters Wanderjahre, die Goethe soeben begonnen
hatte. Als die Arbeit an den *Wanderjahren* sich unerwartet lange hinzog, dachte Goethe an Aufnahme der
Neuen Melusine in *Dichtung und Wahrheit* (1812), die
dann jedoch unterblieb. Endlich entschied er sich für
eine separate Veröffentlichung. Im Januar 1816 über-
ließ er dem Verleger Cotta die erste Hälfte der *Neuen*
Melusine zum Abdruck im *Taschenbuch für Damen auf*
das Jahr 1817. Im Vorwort, das gleichfalls im Januar
1816 entstand, heißt es: *Man hat das Märchen verlangt,*
von welchem ich zu Ende des zweiten Bandes meiner Be-
kenntnisse (Dichtung und Wahrheit) gesprochen. Leider
werde ich es jetzo in seiner ersten unschuldigen Freiheit

nicht überliefern; es ist lange nachher aufgeschrieben worden, und deutet in seiner jetzigen Ausbildung auf eine reifere Zeit, als die ist, mit der wir uns dort beschäftigten. So viel reiche hin, um den einsichtigen Hörer vorzubereiten.

Der Dichter hatte den Wunsch, das Märchen in zwei getrennten Fortsetzungen erscheinen zu lassen, so daß nach Weise der Scheherazade eine Unterbrechung eintreten und die Spannung steigern sollte. Darum bittet er, als er den ersten Teil dem Verleger übersendet, in einem Begleitschreiben um Verzeihung, daß er *fortfahre, die Erzählerin der Tausend und Einen Nacht nachzuahmen und die Neugierde auf's neue zu erregen statt zu befriedigen.* Der Schluß der *Neuen Melusine*, den Goethe im Juni 1818 an Cotta sandte, erschien erst im *Taschenbuch für Damen auf das Jahr 1819*, d.h. zwei Jahre später als der Anfang! Der Einschnitt erfolgte mitten in der Handlung, ja mitten im Satz nach den Worten: » . . . *Es ist doch um mein Bleiben bei Dir getan. Vernimm also: –«* Goethe hätte die Trennung weniger abrupt gestalten können, wenn er der Handschrift von 1807 gefolgt wäre, wo die *Neue Melusine* in zwei Kapitel geteilt ist. Dort beginnt der zweite, durch neue Überschrift *Der neue Raimund* markierte Teil an der Stelle: *Wie erstaunt, ja erschrocken ich war, läßt sich begreifen.* Eine *Hauptabsicht* des Märchenerzählers Goethe bestand jedoch im *Neugierde erregen.* – Auch wenn man um Goethes Vorliebe weiß, Märchen in Fortsetzungen zu erzählen, wie schon die Mutter ihre Märchen erzählt hatte und wie Scheherazade verfährt in der für Goethe die Gattung wesentlich repräsentierenden 1001 Nacht, wundert man sich doch, daß er die Leserinnen des *Taschenbuchs für Damen* zwei Jahre statt nur ein Jahr auf den Schluß warten ließ. Wahrscheinlich hängt dies zusammen mit dem Tod Christianes im Juni 1816. Goethe wollte eine allzu nahe liegende Deutung des Märchens vermeiden, die dadurch, daß die geliebte kleine Frau den Dichter soeben endgültig verlassen hatte, Auftrieb hätte bekommen können.

Erst 1821 erschien *Die neue Melusine* in dem Roman, für den sie bestimmt war, in *Wilhelm Meisters Wanderjahren;* 1829 nochmals in dessen endgültiger erweiterter Fassung. Auf bedeutungsvolle Weise verknüpft Goethe das Märchen mit der Romanhandlung. Der aus dem Zwergenreich geflohene Abenteurer wird eine Gestalt des Romans, er erzählt *Die neue Melusine* als eine Episode seiner Vergangenheit.

Das Märchen von der *Neuen Melusine* hat Goethe besonders oft vorgetragen. Überliefert ist, daß er im März 1808 seinem Freund Heinrich Meyer aus der Handschrift vorlas, im April desselben Jahres seinem Jenaer Freund Karl Ludwig von Knebel, der Prinzessin Caroline und deren Gesellschafterin Henriette von Knebel. Während eines Kuraufenthalts in Karlsbad 1808 las Goethe im Juni das Märchen vor den Mitgliedern der ihm befreundeten Familie des Freiherrn von Ziegesar, während im Juli Marianne von Eybenberg seine Zuhörerin war. Im September 1808 unterhielt er in Franzensbad eine Abendgesellschaft der Frau von Eskeles mit Vorlesung der *neuen Melusine.* Zu den Abendgästen in Goethes eigenem Hause, denen er im November 1808 *die neue Melusine* vorlas, gehörten Charlotte von

Schiller, Wilhelm von Humboldt, Freiherr von der Reck und dessen Frau Luise, Freiherr von Wolzogen und dessen Frau Caroline, Friedrich von Müller und dessen Frau Wilhelmine und der Hauslehrer von Goethes Sohn, Friedrich Wilhelm Riemer. Im November 1809 las Goethe die *Neue Melusine* bei Hofe, d.h. bei der Herzogin Luise von Sachsen-Weimar vor.

Nach dem Anklang, den gerade die *Neue Melusine* beim Vorlesen fand, hat Goethe sich offenbar gefragt, ob er nicht weitere Märchen dieser Art schreiben könne. In einem nicht publizierten Aufsatz von 1827 beantwortet er diese Frage negativ. Märchendichtung sollte, nach seinen Anforderungen, eine gewisse Heiterkeit haben, auch wenn sie ernste Themen behandelt. Die in der *Neuen Melusine* erreichte Synthese von Ernst und Humor befriedigte ihn, konnte aber nicht zum zweiten Male gelingen:

Daß eine gewisse humoristische Anmut aus der Verbindung des Unmöglichen mit dem Gemeinen, des Unerhörten mit dem Gewöhnlichen entspringen könne, davon hat der Verfasser der neuen Melusine ein Zeugnis zu geben getrachtet. Er hütete sich aber, den Versuch zu wiederholen, weil das Unternehmen schwieriger ist, als man denkt.

Zur Deutung der *Neuen Melusine*

*Es ist dafür gesorgt, daß
die Bäume nicht in den
Himmel wachsen.*
Motto von *Dichtung und
Wahrheit*, Teil 3.

Wie *Der neue Paris*, so ist auch *Die neue Melusine* mit Goethes Leben verknüpft. Die wiederholten Ansätze, ein Melusinen-Märchen zu schreiben, fallen stets in Zeiten, wo Goethe durch eigene Krisensituationen an die Sage erinnert wurde. In einem Melusinen-Märchen sah er dann die Möglichkeit, sinnbildlich versteckt auf innere und äußere Vorgänge zu deuten, über die er offen nie hätte sprechen können.

Identifizierung mit dem Abenteurer

Bei dem frühsten Fall, der Erzählung des Märchens in Sesenheim, läßt sich nicht ausmachen, wieweit Goethes autobiographischer Bericht auf Dichtung oder Wahrheit beruht. Goethe behauptet, daß das Märchen damals eine *unschuldigere* Form gehabt hätte. Das *gereiftere* Melusinen-Märchen gehört dagegen in die Ideenwelt von *Wilhelm Meisters Wanderjahren*, für die es geschrieben wurde. Goethe fand es nur nachträglich auch anwendbar auf jene Lebenssituation der Sesenheim-Epoche. Er konnte indirekt, im Spiegel des Märchens, mehr sagen als im autobiographischen Text, wo die Rücksicht auf noch Lebende, z.B. Friederike Brion, Zurückhaltung gebot.

Mit dem Hinweis auf die Sesenheimer Zeit gab Goethe einen wichtigen Schlüssel zum Verständnis des Märchens. An den unglücklichen Ausgang seiner Liebe zu Friederike Brion ist gedacht: Goethe verläßt plötzlich die Geliebte, nachdem sie, ihre Familie und ein weiter Bekanntenkreis mit einem Ehebündnis gerechnet hatten. Seine Flucht vor der Ehe ließ ein tiefes Gefühl der Schuld in Goethe zurück. Er suchte zu büßen, indem er wiederholt seine Schuld dichterisch gestaltete, am eindringlichsten in der Gretchen-Tragödie des *Faust*.

Als Spiegelung dieser Schuld konnte in der *Neuen Melusine* das Verhalten des Abenteurers gelten, wie es der Schluß des Märchens zeigt: die plötzlich erwachende Ehescheu vor der Heirat im Zwergenreich, das Ausweichen vor der Heiratszeremonie, das den Abenteurer beinahe öffentlich kompromittiert, endlich das Durchfeilen des Ringes, mit dem er sich gewaltsam vom Eheband befreit und die frühere Menschengröße zurückgewinnt. Im Märchen nimmt das Verlassen der geliebten Frau die Form des Ehebruchs ohne Scheidung an. Der Abenteurer zeigt weder Reue noch Schuldgefühle; was die verlassene Frau empfindet, scheint ihm ganz gleichgültig. Das steht im Widerspruch zu Goethes Sesenheimer Liebe, *Dichtung und Wahrheit* betont, wie ihm der Abschied von Friederike *das Herz zerriß*, er kann sich ihr *Unglück nicht verzeihen*, macht eine *Epoche düsterer Reue* durch.

Im Märchen wird das Motiv beleuchtet, das zum schuldhaften Verlassen der Geliebten führt. Dies vor allem veranlaßte Goethe auf *Die neue Melusine* im Zusammenhang seines Sesenheim-Erlebnisses hinzudeuten. Nach seiner Eheschließung lebt der Abenteurer als Zwerg unter Zwergen. Er genießt jetzt Verhältnisse und Freuden, die eigentlich alle Wünsche seiner lebemännischen Natur erfüllen müßten. Dennoch wird er unglücklich. Er erträgt nicht die Zwergenexistenz in einer für ihn *zu kleinen Welt* und kann sein früheres Menschendasein nicht vergessen; ein *Maßstab früherer Größe* wird ihm bewußt. Zum ersten Mal in seinem Leben ahnt der Lebemann, *was die Philosophen unter ihren Idealen verstehen möchten.* Das gibt ihm ein *Ideal von sich selbst,* – unter Zwergen fühlt er sich als Riese. Im Hinblick auf die Unmöglichkeit, solche Doppelrolle zu spielen, unternimmt er seine Befreiung.

Prinzipiell ähnlich waren die Motive, die Goethe zur Trennung von Friederike führten. Als er sie kennenlernte, störte ihn zunächst die *ländliche Einfalt* des Pfarrhauses zu Sesenheim nicht. Der Zauber ihrer Persönlichkeit bewirkte, daß ihn die gesellschaftliche Umgebung mit demselben Entzücken erfüllte wie sie. Er verkannte nicht: der *Land- und Familienkreis,* in dem sie lebte, war ein *kleiner, enger Kreis,* die Familie eines Landgeistlichen stand *auf einer der letzten Stufen des bürgerlichen Behagens.* Doch ließ die Vorstellung einer näheren Verbindung mit Friederike es ihm auch wünschenswert erscheinen, in der *kleinen Welt, in der sie sich bewegte,* zu leben. Verklärt erschien ihm diese Welt noch durch etwas anderes. Friederikes gesellige Talente machten sie zum geheimen Anziehungspunkt für eine Vielzahl von Freunden und Bekannten aus benachbarten Orten. Wie für Goethe dadurch die Sesenheimer Zeit zu einer *Glanzepoche* wurde, schildert er in *Dichtung und Wahrheit: Es war nicht das erste und letzte Mal, daß ich mich in Familien, in geselligen Kreisen befand, gerade im Augenblick ihrer höchsten Blüte.* Selbst vom Ort der Handlung, wo diese *Glanzepoche* spielte, war Goethe bezaubert. Er liebte das *paradiesische Rheintal,* suchte auf vielen Reisen die weitere Umgebung Straßburgs kennenzulernen, ganz als ob er sie als künftige Heimat prüfen wollte. Keine deutsche Landschaft ist mit soviel Liebe von Goethe beschrieben worden wie Elsaß-Lothringen, auch die thüringische nicht, die ihn später aufnahm. Und doch weist die große Schilderung der Reise durch Elsaß und Lothringen, wie sie in *Dichtung und Wahrheit* dem Abschnitt über Sesenheim unmittelbar vorausgeht, darauf hin, daß Goethe sich eben nicht der *kleinen Welt* Friederikes würde einfügen können: fortgesetzt richtet sich das Interesse des Reisenden auf Gebiete wie Volkswirtschaft, Staatsrecht, Bergbau usw., die auf den künftigen Weimarer Staatsminister vordeuten.

Die Erkenntnis, daß er sich von Friederike werde trennen müssen, kam Goethe denn auch bei Erwägungen seiner beruflichen Zukunft. Zeitweilig zog er sogar eine Straßburger Universitätsprofessur in Betracht, die ihm das Verbleiben im Elsaß, mit Friederike vereint, ermöglicht hätte. Während eines längeren Aufenthalts der Geliebten in Straßburg jedoch stellte sich heraus, wie wenig Friederike in die Umwelt einer Universitätsstadt paßte. Goethes Professur für Staatsrecht hätte politische Wirksamkeit in Paris mit sich gebracht. Auch dafür wäre die im deutschen Elsaß aufgewachsene Friederike nicht die geeignete Partnerin gewesen. Goethe beschloß, nach Frankfurt zurückzukehren und nach staatsmännischer Tätigkeit an einem deutschen Hof Ausschau zu halten. Zur Frau eines Hofbeamten in höherer Position war Friederike mit ihrer schlichten Herkunft und Bildung vollends ungeeignet.

Die Zeit rückte heran, da ich so viel Liebes und Gutes, vielleicht auf immer, verlieren sollte. So leitet *Dichtung und Wahrheit* über zur Darstellung des inneren Konflikts, in den Goethe geriet durch die allmähliche Erkenntnis: seine eigenen weitgesteckten Berufsziele seien mit der kleinen, engen Welt des Sesenheimer Idylls nicht zu vereinen. In Form einer allgemeinen Reflexion deutet er auf die notwendige, aber schmerzliche Lösung des Konflikts. Der Passus weist auffallende Parallelen zum Schluß der *Neuen Melusine* auf und bildet für das Märchen einen lehrreichen Kommentar:

Alle Menschen guter Art empfinden [!] *bei zunehmender Bildung, daß sie auf der Welt eine doppelte Rolle zu spielen haben, eine wirkliche und eine ideelle* [!], *und in diesem Gefühl ist der Grund alles Edlen aufzusuchen. Was uns für eine wirkliche zugeteilt sei, erfahren wir nur allzu deutlich; was die zweite betrifft, darüber können wir selten in's Klare kommen. Der Mensch mag seine höhere Bestimmung auf Erden oder im Himmel, in der Gegenwart oder in der Zukunft suchen, so bleibt er deshalb doch innerlich einem ewigen Schwanken, von außen einer immer störenden Einwirkung ausgesetzt, bis er ein für allemal den Entschluß faßt, zu erklären, das Rechte sei das was ihm gemäß ist.* (Buch 11.)

Goethe spricht hier aus, was den Abschied von Friederike wo nicht rechtfertigen, so doch begründen konnte. Er mußte einer höheren Bestimmung folgen, die in seiner Zukunft lag; es galt, das *Gemäße* zu finden, das allein das *Rechte* war. Die *wirkliche* Rolle, so verlokkend sie im Augenblick schien, durfte er nicht weiterspielen, da sie mit der künftigen *ideellen* nicht vereinbar war.

Die Ähnlichkeit des Passus aus *Dichtung und Wahrheit* mit dem Schluß der *Neuen Melusine* ist augenfällig. Auch den Abenteurer treibt zu seinem Entschluß, die Zwergenwelt zu verlassen, das Gefühl, die beunruhigende *Empfindung*, seine doppelte – wirkliche und ideelle – Rolle nicht weiterspielen zu können. (*Ich empfand in mir einen Maßstab voriger Größe, hatte ein Ideal von mir selbst* usw.) Indem er den Ring zerfeilt, wählt er die »ideelle« Rolle, ohne zu bezweifeln, daß sie für ihn die gemäße und rechte sei.

Das Märchen bringt jedoch etwas Wesentliches zum Ausdruck, das in der allgemeinen Reflexion von *Dichtung und Wahrheit* unausgesprochen blieb. Goethe erfuhr in der Sesenheim-Epoche, was sich in seinem Leben öfter wiederholen sollte. Mit der Überkraft seines Geistes war er für jede Umgebung zu groß. So oft es ihn auch zum Rollenwechsel trieb, keiner konnte ihn vor dem mitgeborenen Konflikt bewahren. Hierüber ließ sich in der Autobiographie nichts sagen, die nach Goethes Willen stets eine gewisse Bescheidenheitshaltung beibehielt. Die Form des Märchens bot die nötige größere Freiheit. Dichterische Bilder konnten die Lebensproblematik, um die es sich handelte, treuer und eindrucksvoller zum Ausdruck bringen. Die humoristi-

sche Erzählweise benahm allem den Anschein von Prätention. Und so weist am Schluß der *Neuen Melusine* das
Bild vom Abenteurer, der sich unter Zwergen als Riese
fühlt, auf den eigentlichen Charakter des Problems: ein
drastischer Größenunterschied war es, der zum Konflikt mit der Umwelt führte. Und die Szene vom Durchfeilen des Ringes, das dem Abenteurer so viel Mühe
macht, zeigt ebenso eindrücklich: wer als ein Größerer
in einer zwergenhaften Umwelt lebt, scheut keine Anstrengung, um aus solcher Umgebung auszubrechen.

Vor allem um dieser Bilder willen verweist Goethe in
Dichtung und Wahrheit auf die *Neue Melusine*, als auf
eine notwendige Ergänzung. Erst in ihnen erscheint
das eigentliche Motiv, das zum Abschied von Friederike führte, vollständig; sie bringen es im wahrsten Sinne
zur Anschauung. Sieht man die allgemeine Reflexion
von *Dichtung und Wahrheit* und das Märchen in ihrer
Zusammengehörigkeit, so fällt Licht auf eine der wichtigsten allgemeingültigen Deutungen des Märchens.
Jeder Mensch kann in die Versuchung kommen, sich
mit einer jeweils *wirklichen* Rolle zu begnügen, es sich
konformistisch bequem zu machen. *Alle guten Menschen* werden jedoch eine *höhere Bestimmung* in sich
fühlen und nicht eher ruhen, bis sie das *Gemäße* finden.
Das Märchen zeigt, daß dies ein radikaler Prozeß ist,
der sich nicht ohne Einbußen vollziehen läßt. Goethe
selbst hat alles getan, um eine Auslegung des Märchens
in dieser Richtung zu erschweren, dadurch, daß er
nichts unterließ, was einer Glorifizierung des »Helden«
entgegenwirken konnte. Hierauf kommen wir später
noch zurück.

Als Goethe im Herbst 1782 zum ersten Mal die Melusinenfabel dichterisch behandeln wollte, identifizierte er
sich allem Anschein nach mit der Situation Melusines,
der Wasserfee, die den menschlichen Ehepartner verlassen muß, weil er die Bedingungen nicht einhielt,
auf die ihr Bündnis gegründet war. Die Trauer der
zum Scheiden gezwungenen Melusine mag ihm vorgeschwebt haben, als er *Verse versuchen* wollte. Zu solcher Abschiedsdichtung gestimmt war Goethe durch
eine Krisensituation, über die er sonst wenig verlauten
ließ. Damals im Herbst 1782 begann der Entschluß in
ihm zu reifen, sich von Weimar zu trennen und nach
Rom zu gehen. Die ersten Anzeichen für die Absicht,
sich nach Italien zu begeben, fallen genau in diese Zeit:
Mignons Lied, *Kennst du das Land, wo die Zitronen
blühn* wurde in denselben Tagen geschrieben, da Goethe von dem Melusine-Plan berichtete. Die Verse kündigen den erstaunlichen Schritt an, den Goethe 1786
unternahm, als er heimlich und inkognito nach Italien
aufbrach.

Zur Trennung von Weimar fühlte Goethe sich bewegt – und darin besteht die Analogie zur Melusinensage –, weil die Bedingungen nicht eingehalten wurden, auf denen seine Anwesenheit beruhte. Herzog
Carl August, sein beruflicher Partner, hatte sein Wort
nicht gehalten. Voraussetzung für Goethes politische
Tätigkeit in Weimar war das Versprechen des Herzogs,
das Wohl von Land und Volk aufs bestmögliche zu fördern. Carl August konnte sich jedoch nicht dazu brin-

gen, die von Goethe für nötig gehaltenen Einsparungen bei Militär, Jagd usw. vorzunehmen, mit denen allein der Armut des Volkes abzuhelfen war. Zur Krise kam es, als Goethe im Februar 1782 durch seine Ernennung zum Leiter des Kammerpräsidiums die Mitverantwortung an der Finanzpolitik Carl Augusts aufgebürdet wurde. Goethe war zur Entscheidung genötigt, da er nicht mehr mittun wollte, was er nicht gutheißen konnte. So reifte in ihm der Entschluß, sich von Weimar zu trennen, auch wenn er hierüber noch ein hartnäckiges Schweigen bewahrte. Vom Tage seiner Ernennung ab hörte Goethe sogar auf, Tagebuch zu führen, jegliche Eintragung unterbleibt bis zum Antritt der italienischen Reise 1786. Auch dies zeigt das Bemühen um strikte Geheimhaltung. Nur der Melusinen-Plan und das Mignonlied vom Herbst 1782 verraten etwas von Goethes innerer Verfassung, von der Abschiedsstimmung und erwachenden Italiensehnsucht: Goethe dachte an Trennung von Weimar, mit dem Ziel Rom.

Einige Andeutungen über seinen Zustand enthalten die Briefe an Charlotte v. Stein, doch dürfte die Freundin deren Tragweite nicht begriffen haben. Goethe beginnt sich *ausheimisch* zu fühlen, es fällt das Wort *Trennung* (Mai und September 1782). Die verräterischsten Äußerungen finden sich bezeichnenderweise in den beiden Briefen, die von dem Melusinen-Plan sprechen. Im Zusammenhang der Erwähnung einer Vers-Fassung des Märchens sagt Goethe: *Ich begreife nicht, wie mich das Schicksal in eine Staatsverwaltung und eine fürstliche Familie hat einflicken mögen.* Die politische Zusammenarbeit mit Carl August, das gestörte Verhältnis zu ihm, werden hier offenbar mit Melusines Einheirat in die gräfliche Familie der Lusignan, von der die Melusinen-Sage berichtet, verglichen. Der Melusinen-Sage entsprach es, daß schmerzliche Trennung das Ende solcher Verhältnisse bildet.

Effektiv wie bereits im Aufbruch begriffen erscheint Goethe in dem Brief mit der nochmaligen Hindeutung auf das Melusinenthema. Er berichtet, wie seine Tätigkeit jetzt darin bestehe, *sein Haus zu bestellen* und die Freundesbriefe des letzten Jahrzehnts durchzugehen. (Das gleiche tat er 1797, als er wiederum nach Rom ziehen wollte.) Wenn er in dem Brief sagt: *Ich dachte an die Vergangenheit, von der ich nichts verstehe, und an die Zukunft, von der ich nichts weiß,* wenn er ferner anfügt: *Ich begreife immer weniger, was ich bin und was ich soll* – so ist damit angedeutet die Distanzierung von seiner beruflichen Existenz und die heimliche Absicht der Entfernung von Weimar. Frau v. Stein ist für Goethe der einzige Faden, der ihn noch hält: *Jetzt hänge ich allein an dir.* Einige Wochen später gab Goethe beinahe sein Geheimnis preis, indem er der Freundin schrieb: *Wenn ich dich nicht hätte, ich ging in die weite Welt.* Die Worte lassen keinen Zweifel: in Wahrheit strebte Goethe von Weimar weg. Daß das in der weiten Welt liegende Ziel Rom war, bestätigt die Beschäftigung mit italienischen Landkarten, die nun bald einsetzt. Immer wieder versichert er Frau v. Stein: nur ihre Liebe *vermöge ihn noch zu halten: Wenn du nicht wärst, hätte ich alles lange abgeschüttelt.* Es bedurfte noch weiterer Enttäuschungen an Carl August, aber auch an Charlotte v. Stein, bis Goethe 1786 wirklich in die weite Welt ging, die Romreise antrat, von der niemand wußte, ob es eine Rückkehr geben werde.

So ist der Melusine-Plan von 1782 denkwürdig als frühstes Zeugnis für die Aufbruchstimmung, die Goethe nach Rom trieb. Beispielhaft zeigt er Goethes Neigung, eine Lebenssituation als märchenhaft zu empfinden und in Märchenform zu gestalten. An die Stelle des ungeschriebenen Melusinen-Märchens trat damals das berühmte Mignon-Lied. (Auch diesem erkannte Goethe Märchencharakter zu, indem er es seinen Balladen zuordnete. Balladen waren für ihn versifizierte Märchen: *Märchen noch so wunderbar, Dichterkünste machens wahr*, lautet der Vorspruch zur Sammlung seiner Balladen.)

Es fällt auf, daß die Melusinensage wiederum Goethes Phantasie beschäftigt, als er von einem Ort Abschied nimmt, der seinem Ideal und seiner höheren Bestimmung nicht mehr gemäß erscheint. Betrachten wir die Entwicklung der *Neuen Melusine* weiter, so erweist sich, daß dies auch künftig so blieb. Immer steht bei Goethes Beschäftigung mit dem Märchen der Gedanke an Trennung und Wandern im Hintergrund. 1797 berichtete Goethe zweimal über Arbeit an der *Neuen Melusine* in Briefen an Schiller. 1797 aber ist das Jahr, in dem Goethe so ernsthaft wie nie vor- und nachher wirkliche Auswanderung erwog. Seit der Rückkehr von Rom 1788 litt er an einer Schaffenskrise, als deren Ursache er die beengenden geistigen Verhältnisse in Weimar und Deutschland sah. Als Dichter wie als Mensch stieß er auf Ablehnung. Von dem großen Kunstzentrum Rom und dem Umgang mit den dort lebenden Künstlern versprach er sich ein Wiederaufblühen seiner Produktivität. Die inspirierende Wirkung Roms während seiner italienischen Reise blieb als Vorbild unvergessen.

Im Sommer 1797 rüstet Goethe zum Aufbruch. Wieder bestellt er sein Haus, ein Testament wird gemacht. Die Verbrennung seiner gesamten Freundesbriefe – ein bei Goethes Lebensstil unerhörter Vorgang – zeugt von der Absicht, nicht wiederzukehren. Als er dann im August auf der Reise nach Süden ist, will er die *Neue Melusine* schreiben. Nach der Mitteilung an Schiller ist der Plan jetzt fortgeschritten: erstmals wird Melusines Zugehörigkeit zur Zwergenwelt erwähnt, erstmals die Idee des *Kästchens*, Goethe, der Reisende, *führt in ihm alles mit, was noch idealistisch an mir ist.* Über die Bedeutung des *Kästchens* zu diesem Zeitpunkt läßt sich nur vermuten: es ist Symbol für die zu enge Heimat, aus der der Reisende ausbricht, der ein größeres Ideal verfolgt.

Die Reise von 1797 verlief so, daß Goethe seine Absicht, nach Rom auszuwandern, aufgab und in der Schweiz den Heimweg antrat. Den Verzicht auf Rom, die *einzige Stadt, wo er leben mochte*, betrachtete Goethe später als *größte Handlung seines Lebens.* Nach Weimar zog ihn zurück die Verpflichtung, dem Freunde Schiller zu helfen, der seines Beistandes für das Zustandekommen seines Werkes bedurfte. (An C.L.F. Schultz, 10. Januar 1829.) Als Schiller gestorben war, konnte Goethe die verhinderte Auswanderung nicht mehr nachholen. Kriegszeit und fortgeschrittenes Alter bildeten unüberwindliche Hindernisse. Doch richtete sich von jetzt ab seine dichterische Phantasie auf die

Themen, die ihn seit seinem Verzicht auf Rom 1797 weiter beschäftigten: Auswanderung und Entsagung. Um beide Themen kreist sein Altersroman, dessen Titel schon darauf hindeutet: *Wilhelm Meisters Wanderjahre oder die Entsagenden*. Als Goethe 1807 die *Wanderjahre* begann, war eine der ersten Arbeiten das Diktat der *Neuen Melusine*! Gelesen im Kontext der *Wanderjahre* zeigt das Märchen mehr Aspekte als in der Verbindung mit der Sesenheim-Episode der Autobiographie. In der *Neuen Melusine*, dem *Reisegeschichtchen*, sehen wir Melusine und den Abenteurer von Stadt zu Stadt, von Land zu Land reisen. Solch beständiges Reisen ist charakteristisch für verschiedene Gestalten des Romans: Wilhelm Meister selbst ist verpflichtet, alle drei Tage seinen Aufenthalt zu verändern. Sinnbildlich deutet das Märchen auf die Thematik des Wandern- und Scheidenmüssens – nicht nur am Schluß, wie sich noch zeigen wird. Vor allem ist es aber auch eine Entsagungsgeschichte mit musterhaft typischen Zügen. Es gab also Gründe genug dafür, daß Goethe die Arbeit an den *Wanderjahren* mit der *Neuen Melusine* begann.

Beispielhaft lehrt die *Neue Melusine* zum Thema Entsagung, daß Glückszustände immer an freiwilligen Verzicht, nämlich die Einhaltung von Bedingungen geknüpft sind. Goethe veranschaulicht das, indem er sein Märchen mit Zügen aus 1001 Nacht bereichert, die sich in der Melusinensage des Volksbuchs nicht finden. Melusine ähnelt vielmehr einer der guten Feen aus 1001 Nacht, die einem Angehörigen der Menschenwelt den glücklichen Aufenthalt in ihrem Bereich vergönnen –

unter gewissen Bedingungen, von deren Einhaltung Verbleib oder Ausstoßung des Helden abhängen. Die berühmte Geschichte von der Meeresprinzessin Gülnare (Dschauhara) bot unverkennbare Anregungen: Gülnare wird von ihrer Verwandtschaft ausgesandt, um mit einem Menschen einen Sohn zu zeugen; von ihm hofft man Besserung der politischen Verhältnisse im Meeresreich. Sie verleiht dem Vater ihres Sohnes die Fähigkeit, mit ihr im Meeresreich zu leben: Bedingung für seinen Verbleib ist, daß er einen magischen Ring niemals vom Finger zieht.

Der Zug, daß Feenmacht einen Glückszustand gewährt auch in einem Bereich, wo der Mensch eigentlich nicht existieren kann, gab dem Dichter die Anregung zu dem wichtigsten Aperçu: das Meeresreich der 1001-Nacht-Geschichte wandelt seine Phantasie um ins Zwergenreich; die Meeresprinzessin Melusine wird zum *Pygmäenweibchen.* Der Einfall ermöglichte die effektvolle Schlußszene, wo die Flucht aus dem Zwergenreich Sinnbild wird für Ortswechsel, Auswanderung mit dem ideellen Motiv der Suche nach dem *Gemäßen.* Die Schlußszene aber erfand Goethe ursprünglich als Spiegelung seines Zustandes, als er aus Weimar fliehen wollte. Das verrät die Erwähnung des *Schatullchens* während des Fluchtversuchs von 1797. Heine begriff viel von Sinn und Humor der *Neuen Melusine*, als er darin Goethe gespiegelt sah, der sich in Weimar als Riese fühlen mußte: wäre Goethe in Weimar vom Stuhl aufgestanden, hätte er mit dem Kopf das Dach durchstoßen. Als Goethe das Bild vom Abenteurer, der die Dachkuppel durchstößt, auf die Situation von Sesenheim anwandte, machte er sich bereits im nachhinein die Vieldeutigkeit des Märchens zunutze.

Vieldeutig ist das Märchen besonders dadurch, daß das Verhalten des Abenteurers in der Schlußszene auch als ein Akt der Maßlosigkeit aufgefaßt werden kann. Mit seiner mittelmäßigen Persönlichkeit ist der von Goethe geschilderte Abenteurer objektiv keineswegs ein *Riese*. Für einen Menschen von seinem Zuschnitt wäre der Aufenthalt im Zwergenreich, mit allen Vorteilen, die es bietet, sehr wohl zumutbar. In einer langen Geschichtserzählung – gemischt aus Ernst und Humor – gibt Goethe der Zwergenwelt eine Aufhöhung, die sie der menschlichen weitgehend anähnelt. An Alter und Würde ist die Zwergenwelt der Menschenwelt sogar überlegen: Gott schuf die Zwerge früher als die Menschen und nimmt sich ihrer Nöte an. Mit der fatalen Eigenschaft, daß die Zwerge *seit Erschaffung der Welt immer abnehmen und kleiner werden,* schuf Goethe ein scherzhaftes Gleichnis für eine Kalamität der Menschenwelt: auch sie befindet sich in stetiger Dekadenz. Das wurde von Dichtern alter und neuer Zeit empfunden, die vom goldenen, silbernen und ehernen Zeitalter sprachen. So erscheint die Zwergenwelt in Goethes Darstellung eigentlich als Sinnbild der menschlichen, der verkleinerte Maßstab sollte darüber nicht täuschen. Der Abenteurer aber befindet sich unter den Zwergen in einer Lage, die wiederum Metapher ist für eine im menschlichen Bereich ganz hergebrachte Situation. Wo jemandem Vorteile, Glück, Genuß vergönnt werden, muß er auch Einschränkungen in Kauf nehmen und verzichten können. Unbedingte

Erfüllung aller Wünsche gibt es nicht. Indem der Abenteurer zu solchem Entsagen nicht bereit ist, verscherzt er sein Glück. *Um vieles dümmer und unbehilflicher* steht er da, nachdem er Melusines Reich verschmäht hat. In seinem Ungenügen spiegeln sich Fehler einer Menschenart, die ewig unzufrieden ist, nicht aufhört, Ansprüche zu stellen, wo Glück reichlich gewährt wird. Mit diesem Aspekt war für Goethe die *Neue Melusine* ein Sinnbild für den Alltag des Lebens, z.B. auch des Berufslebens. Von einem Weimarer Musiker, den er besonders protegiert hatte, der aber mit Eigensinn auf Wünsche des Dichters nicht einzugehen bereit war, als er *Faust*-Szenen komponieren sollte, sagte Goethe:

Diese Menschenrasse, die bei so manchen Vorzügen des eigentlich Besten ermangelt, begreift nicht, warum es mit ihr nicht rucken will; nun suchen sie es durch Intrigue zu erreichen, und augenblicks verletzen sie durch Dünkel und Ungeschicklichkeit den erworbenen Gönner, und so zerstiebt das Märchen, ja sie sind rückwärts statt vorwärts gegangen. (An Zelter, 8. Juni 1818.)

Goethe spielt auf *Die neue Melusine* an, die er gerade zum Druck gegeben hatte.

Mit der Mehrdeutigkeit des Schlusses bestätigt sich ein wichtiger Aspekt des gesamten Handlungsverlaufs. Faßt man die Flucht des Abenteurers als Akt der Ungenügsamkeit auf, so entspringt sie der gleichen Gesinnung, die ihn schon vorher dazu trieb, Melusines Bedingungen nicht einzuhalten, an die ihre Gemeinschaft geknüpft war. Immer wieder bricht er aus Maßlosigkeit alle Versprechungen. Daß er seine Zusage, mit ihr im Zwergenreich zu bleiben, nicht einhält, bildet nur den Höhepunkt einer ganzen Reihe von Handlungen, die ihn wortbrüchig zeigen. Im Nicht-Entsagenkönnen zeichnet sich damit die Haupteigenschaft des Abenteurers ab. Dieser Zug vor allem verbindet *Die neue Melusine* mit der Entsagungsthematik der *Wanderjahre* – ein Hauptgrund für Goethe, das Märchen dem Roman einzufügen.

Aus der unrühmlichen Rolle, die der Abenteurer kontinuierlich spielt, erklärt sich z.T. die Merkwürdigkeit, daß Goethe in ihm eine so wenig sympathische Gestalt zeigt. Er ist, im Gegensatz zu den Partnern von Feen in 1001 Nacht, charakterlich wie geistig ohne Format, nichts als ein *lebhafter Bursche*, der Frauen gefällt und sich das zunutze macht. Mit seiner Durchschnittlichkeit repräsentiert er besonders gut den Menschentyp, der sich durch Maßlosigkeit und Unzuverlässigkeit viele Chancen verdirbt. Daß Melusine nach langer Wallfahrt des Suchens keinen bessern fand, ist eine Feinheit des Dichters: der Menschheit wird damit nicht gerade ein Kompliment gemacht. Allerdings entsprach die negative Charakteristik des Märchenhelden noch einem speziellen Bedürfnis Goethes. Der autobiographische Zug, der in die Flucht aus dem Zwergenreich hineingeheimnist war, sollte möglichst verborgen bleiben. So versteckte Goethe sich hinter der Figur des Abenteurers. Mit einer so zweifelhaften Gestalt würden die Leser ihn nicht leicht identifizieren.

Wie Goethe in den *Wanderjahren* den Abenteurer als Erzähler der *Neuen Melusine* auftreten läßt, zeigt er ihn gereift, entwickelt, mit nachträglich verschönertem Profil. Aus dem dauernd planlos Herumreisenden ist inzwischen ein Teilnehmer an dem sinnvollen großen Auswanderungs-Unternehmen geworden, von dem der Roman erzählt. Durch Lenardo, den Leiter des Auswandererbundes, erfahren wir in der Einleitung der *Neuen Melusine*, daß der früher so Unzuverlässige nun geprüft und bewährt ist im Einhalten von Bedingungen. So erfüllt er die eine Hauptmaxime des Bundes, andern von Nutzen zu sein, indem er sich als Wundarzt und Barbier ausgebildet hat. Der zweiten Bedingung, bei aller Freiheit zu speziellem Entsagen fähig zu sein, entspricht er durch Verzicht auf alles Schwatzen (wogegen er sich im Märchen auflehnte; S. 44). Aus der *Nötigung* zum Schweigen entwickelte sich aber eine ungewöhnliche Kunst des Erzählens, besonders von Märchen. Mit all diesen Zügen gleicht der Abenteurer nun einer berühmten Figur aus 1001 Nacht: einem *schweigsamen Barbier*, der zugleich als Arzt Wunderdinge leistet, der aber vor allem virtuoser Erzähler vieler Märchen wird.

Goethes Vorliebe für Sinnbilder läßt ihn die Entwicklung des Abenteurers in folgendem Bild charakterisieren. Lenardo, der den *Barbier* zum Erzählen auffordert, trägt, in seiner Eigenschaft als Leiter des Auswanderungsbundes, den Namen *das Band*. Mit diesem Namen stellt er sich vor in der Einleitung zur *Neuen Melusine*. Vergegenwärtigt man sich, daß der Abenteurer des Märchens den Ring zerfeilt, den er nicht erträgt, so wird es ein bedeutungsvoller Zug, wenn es dem zum Erzähler gereiften Barbier nicht in den Sinn kommt, das Band zu zerreißen, das ihn mit den Auswanderern verknüpft.

Aus der Entwicklung des Abenteurers mag sich auch die rätselhafte Bemerkung am Anfang der *Neuen Melusine* erklären, wo der erzählende Barbier von seiner *wahrhaften Geschichte* glaubt, daß sie *sogar eine endliche Entwicklung hoffen läßt*. Dem Sinn des Märchens nach könnte gemeint sein: eine Wiedervereinigung mit Melusine wäre möglich, nachdem der Unzuverlässige das Einhalten von Bedingungen erlernt hat.

Die Gestalt Melusines stattete Goethe mit typischen Zügen aus, wie sie in 1001 Nacht an Feen und liebenden Frauen erscheinen; von der Heldin des Volksbuchs bleibt ihr kaum mehr als der Name. Singen und Lautespielen sind durchgehend Talente, durch die sich begehrenswerte Frauen im orientalischen Märchen auszeichnen. Feen dürfen dem Helden Avancen machen. Auch Fußfall und Kleidküssen gehören zum Liebeszeremoniell in 1001 Nacht; die brennenden Wachskerzen haben dort ihr Vorbild und dienen häufig der Staffage von Liebesszenen. Selbst das Motiv vom verschwenderischen Geldausgeben, vom Beutel, der sich immer wieder füllt, stammt aus 1001-Nacht-Geschichten. Einige, erzählt von dem *schweigsamen Barbier*, enden mit ähnlicher Enttäuschung wie die Abenteurergeschichte in der *Neuen Melusine*.

Melusines Geldgeschenke führen die heikle Lage herbei, daß man nicht genau weiß, wieviel sie zu der Liebe des Abenteurers beitragen. Wenn man dies als unschönen Zug des Märchens betrachtet hat, so blieb

170

dabei unbeachtet, daß in der *Neuen Melusine* ja keine ideale Liebesgeschichte dargestellt werden sollte. Dazu bot die fragwürdige Figur des Abenteurers gar nicht die Möglichkeit. Dessen starkes Interesse an Geld ist nur eine Schwäche neben andern. In diesem Fall sucht Goethe den Fehler wirksam zu balancieren, indem er den Abenteurer unbezweifelbare Liebesbeweise geben läßt. Immer wieder sieht man ihn hingerissen von Melusines Schönheit; er will lieber zu Tode verbluten, als von ihr abgewiesen werden usw. Im ganzen ist Melusines Liebe fraglos die größere, sie erträgt die charakterlichen Mängel des Partners, auch seine Geldliebe, mit Fassung und Superiorität. Der *kleine Zug von Traurigkeit* bei ihrem ersten Auftreten deutet darauf hin, daß sie von den Männern nichts anderes erwartet.

Im übrigen haben Melusines Geldgeschenke durchweg den Sinn, den Abenteurer zu prüfen. Sie will wissen, ob er fähig ist, zu entsagen, ihre Bedingungen einzuhalten. Ist er bei Gelde, mit Hilfe des unerschöpflichen Beutels, spielt er sogleich den großen Mann, der ohne Maß und Hemmungen gegen Melusines Bedingungen verstößt. Beachtung verdient, daß so viele sittliche Prüfungen überhaupt auferlegt werden müssen. Es sind die *weisen Meister* des Zwergenreichs, die darauf dringen. Besonders dieser Zug trägt dazu bei, der Welt der Zwerge, die der Abenteurer verschmäht, Ansehn und Würde zu geben. Melusine, als Abgesandte dieses Reichs, muß mit viel Kondeszendenz ihre Herkunft überspielen, um den Geliebten und seine Freunde nicht zu befremden. Indem sie sich mehr und mehr anpaßt, nur als liebende Frau und gewandte Gesellschafterin erscheint, verliert sie etwas vom Zauber jenes Feenwesens Melusine, mit dem Goethe sich anfänglich identifizieren wollte. Und doch führt Goethe eine Situation herbei, wo wiederum das Trauern Melusines, die Abschied von den Menschen nehmen muß, Sinnbild für Autobiographisches wird, Spiegelung seines Zustands, wenn er an Trennung denkt.

Es geschieht das in der Szene, wo Melusine ein *rührendes Abschiedslied* singt – ihre Ankündigung der notwendigen *Scheidung* von dem Geliebten, ihre Klage über das Ende des gemeinsamen Glücks. Die Stelle bildet in der Mitte des Märchens einen Höhepunkt, nicht minder eindringlich als die Schlußszene mit der Flucht des Abenteurers aus dem Zwergenreich. Auffällig ist der Einbruch einer tief elegischen Stimmung in den allgemein heiteren Gang der Märchenerzählung. Auffällig ist ferner, daß Melusine nicht nur von dem Abenteurer Abschied nimmt, der *Versprechen und Schwur* gebrochen hat. Sie verabschiedet sich auch von der ganzen *Sozietät*, der festlichen Versammlung, in der das Paar sich befindet:

Die erste Strophe, die sie sang, war ein freundlicher Abschied an die Gesellschaft, wie sie sich noch zusammen fühlen konnte. Bei der folgenden Strophe floß die Sozietät gleichsam aus einander, jeder fühlte sich einzeln, abgesondert, niemand glaubte sich mehr gegenwärtig. Aber was soll ich denn von der letzten Strophe sagen? Sie war allein an mich gerichtet, die Stimme der gekränkten Liebe, die von Unmut und Übermut Abschied nimmt.

Ton und Stimmung dieser Szene, besonders aber die Schilderung der unheimlichen Wirkung des Liedes auf die Gesellschaft erscheinen als etwas unwiederholbar Einmaliges. Goethe selbst jedoch schuf in den *Wanderjahren* zwei weitere Szenen, in denen Abschiedslieder ähnliche Stimmungen hervorrufen; wiederum ergreift hier die zuhörende Gesellschaft ein geheimnisvolles Gefühl der Auflösung, Zersetzung, des plötzlichen Isoliertseins. Mit seinem Verfahren der *wiederholten Spiegelungen* setzt Goethe die drei Szenen in inneren Bezug, man wird aufgefordert, sie zu vergleichen und Schlüsse daraus zu ziehen. Die eine dieser Szenen entsteht in dem Moment, als die Auswanderer des Romans in ihrem Abschiedslied Trauer über die bevorstehende Trennung ausdrücken, zugleich aber anklagend offenbaren, was sie aus ihrem Lande vertreibt:

> *Denn die Bande sind zerrissen,*
> *Das Vertrauen ist verletzt;*
> *Kann ich sagen, kann ich wissen,*
> *Welchem Zufall ausgesetzt*
> *Ich nun scheiden, ich nun wandern,*
> *Wie die Witwe trauervoll,*
> *Statt dem Einen, mit dem Andern*
> *Fort und fort mich wenden soll!*

Der Chor, in diese Strophe einfallend, ward immer zahlreicher, immer mächtiger ... Beinahe furchtbar schwoll zuletzt die Trauer; ein unmutiger Mut brachte, bei Gewandtheit der Sänger, etwas Fugenhaftes in das Ganze, daß es unserm Freunde [Wilhelm Meister] *wie schauderhaft auffiel. Wirklich schienen alle völlig gleichen Sinnes zu sein und ihr eignes Schicksal... kurz vor dem Aufbruche zu betrauern* [!]. *Die wundersamsten Wiederholungen, das öftere Wiederaufleben eines beinahe ermattenden Gesanges schien zuletzt dem Bande* [Leonardo] *selbst gefährlich.*

Die Strophe des Abschiedslieds mit ihrer beängstigenden Wirkung auf die Gesamtheit ist die kriegerischste Stelle der ganzen *Wanderjahre*, des Romans, von dem Goethe gesagt hat, *daß keine Zeile darinnen steht, die nicht gefühlt oder gedacht wäre.* Sie ist dichterischer Ausdruck einer aktuellen Proteststimmung. Als Goethe das Kapitel schrieb, machte er seiner jüngsten Empörung gegen Weimar Luft: Großherzog Carl August hatte ihn auf Anstiften seiner Favoritin Karoline Jagemann aus der Theaterleitung entlassen, die Goethe seit einem Vierteljahrhundert innehatte. Durch diesen ungeheuerlichen Schritt wurde des Dichters Wunsch, Weimar den Rücken zu wenden, neu entfacht.

Vergleicht man die Stelle mit Melusines Abschiedslied, so fällt nicht nur die Ähnlichkeit der unheimlichen Gesamtsituation auf, man bemerkt auch, daß die gleiche Situation hier wie durch einen Vergrößerungsspiegel gesehen wuchtigere Dimensionen bekommt. Eine weitere Ähnlichkeit erhält dadurch verstärktes Gewicht. Übereinstimmung besteht auch hinsichtlich der Motive, die jeweils das *Scheiden* notwendig machen. Im Brechen von *Versprechen und Schwur*, das Melusine vertreibt, haben wir prinzipiell das gleiche Motiv wie im *Bruch des Vertrauens*, das die Auswanderer zu Landflüchtigen macht: *Das Vertrauen ist verletzt.* Verändert sind aber die Dimensionen. Das gleiche Motiv führt im einen Fall nur zum Scheiden einer Einzelperson, im andern zu dem einer Gesamtheit. Indem Goethe durch Spiegelung die Aufmerksamkeit auf das Bild der Auswanderung im Großen lenkt, gibt er den Wink: die Idee des Auswanderns, Goethes Erleben entsprechend, ist auch einbegriffen in Melusines Abschied von der Menschenwelt. Denselben Protest, den der zum Verlassen des Landes sich rüstende Goethe schon 1782 mit einer Melusine-Dichtung ausdrücken wollte, wiederholt er, wenn auch verborgen, in dem Abschiedslied der *Neuen Melusine*.

Mit Melusines Abschied ließ Goethe 1816 die erste Teilpublikation der *Neuen Melusine* schließen, der erst Jahre später die Fortsetzung folgte. Offenbar betrachtete er schon den ersten Teil als eine geschlossene Einheit, weil er hinführte zu dem ihn ursprünglich interessierenden Thema: der Trauer Melusines mit sinnbildlicher Bedeutung. Als *Die neue Melusine* 1821 in den *Wanderjahren* erschien, stellte er das Abschiedslied der Auswanderer unmittelbar vor das Märchen. Dem Leser wurden dadurch die Ähnlichkeiten zwischen beiden Abschiedsszenen vor Augen gerückt.

In der endgültigen Fassung der *Wanderjahre* von 1829 rückte Goethe die beiden Abschiedsszenen weiter auseinander. Er gab aber hier im unmittelbaren Anschluß an *Die neue Melusine* einen Hinweis auf die andere Szene, wo nochmals ein Abschiedslied eine *Gesamtheit* von Menschen in Trennungsschmerz zerfließen läßt. Er deutet auf die zweite Spiegelung der Melusine-Szene in der Romanhandlung. Hersilies Brief an Wilhelm, der nun auf die *Neue Melusine* folgt, handelt von dem geheimnisvollen *Kästchen*, das Wilhelms Sohn in einem *Zauberschloß* gefunden hat. Der Inhalt des im Roman wiederholt erwähnten Kästchens bleibt ein ungelöstes Rätsel. Nach ansprechenden Vermutungen soll der Leser das Kästchen in Beziehung setzen zu dem *Schatullchen* der voraufgegangenen *Neuen Melusine*. Hersilie ist in den Besitz des Schlüssels zu dem Kästchen gelangt – er wird im Roman abgebildet – und dringt darauf, Wilhelm möge kommen, das Kästchen öffnen und ihre Neugier befriedigen, auf daß

es ein Ende werde, wenigstens daß eine Deutung vorgehe, was damit gemeint sei, mit diesem wunderbaren Finden, Wiederfinden, Trennen und Vereinigen.

Wenn so vom Finden und Wiederfinden, Trennen und Vereinigen gesprochen wird, bezieht sich das nicht allein auf das Schicksal des *Kästchens*; ein Hauptmotiv der *Wanderjahre* ist berührt, das uns überall begegnet. Am eindrucksvollsten, jedem Leser unvergeßlich, erscheint das Motiv in der Szene, wo am Lago Maggiore – *Mignons Heimat* – zwei Frauen, Hilarie und die schöne Witwe, und zwei Männer, Wilhelm und sein Malerfreund, sich auf Schiffen viele Male annähern und entfernen. Wegen der sinnbildlichen, auf Entsagen bezüglichen Bedeutung des Motivs beschreibt Goethe das wiederholt ausführlich (Buch 2, Kapitel 7):

Einige Tage wurden so auf diese eigene Weise zwischen Begegnen und Scheiden, zwischen Trennen und Zusammensein hingebracht; im Genuß vergnüglichster Geselligkeit schwebte immer Entfernen und Entbehren vor der bewegten Seele ... So abwechselnd hin und wider ge-

176

schaukelt, genähert und entfernt, wallten und wogten sie verschiedene Tage.

Liest man diese Szene des wunderbaren Trennens und Vereinigens weiter, so trifft man auf das andere Abschiedslied, das nochmals eine Spiegelung von Melusines Abschied darstellt. Nach einigen Tagen des Zusammenseins auf der Isola Bella müssen die vier Befreundeten, ihrem Gelübde zufolge, Abschied nehmen, Abschied von einander, aber auch Abschied vom italienischen Süden, was für sie ein *Abschied aus dem Paradies* ist. In Goethes Schilderung ihres letzten Abends heißt es:

Was man sich aber nicht gestand ... war das tiefe schmerzliche Gefühl, das in jedem Busen ... sich bewegte. Das Vorgefühl des Scheidens verbreitete sich über die Gesamtheit; ein allmähliches Verstummen wollte fast ängstlich werden. Da ermannte, da entschloß sich der Sänger ... Ihm schwebte Mignons Bild mit dem ersten Zartgesang des holden Kindes vor. Leidenschaftlich über die Grenze gerissen, mit sehnsüchtigem Griff die wohlklingenden Saiten aufregend, begann er anzustimmen:

Kennst du das Land, wo die Zitronen blühn,

Im dunklen Laub – – – – –

Hilarie stand erschüttert auf und entfernte sich, die Stirne verschleiernd; unsere schöne Witwe bewegte, ablehnend, eine Hand gegen den Sänger, indem sie mit der andern Wilhelms Arm ergriff ... Und als sie nun alle viere im hohen Mondschein sich gegenüber standen, war die allgemeine Rührung nicht mehr zu verhehlen. Die Frauen warfen sich einander in die Arme, die Männer umhalsten sich, und Luna ward Zeuge der edelsten, keu-

schesten Tränen. Einige Besinnung kehrte langsam erst zurück, man zog sich auseinander [!], *schweigend, unter seltsamen Gefühlen und Wünschen, denen doch die Hoffnung schon abgeschnitten war. Nun fühlte sich unser Künstler . . . eingeweiht in alle Schmerzen des ersten Grades der Entsagenden.*

In vergrößerter Spiegelung erscheint hier – verglichen mit Melusines Abschied – das *Gefühl der Rührung*, das ein Abschiedslied hervorzurufen vermag. Die Isolierung des einzelnen bei einem *Scheiden*, das keine *Hoffnung* läßt, wird wie in einem lebenden Bild dargestellt. Die Wendung *man zog sich auseinander* entspricht dem Satz im Märchen: die *Sozietät floß gleichsam auseinander.*

Bei dem Scheiden der vier Freunde auf der Isola Bella handelt es sich um einen Akt des Entsagens von großer Tragweite. In der breit ausgemalten Szene führt Goethe die *Einweihung* in die Schmerzen des Entsagens anschaulich vor Augen. Wegen ihrer Bedeutung für die Entsagungslehre der *Wanderjahre* stellte er die Szene genau in die Mitte des Romans. Danach wird ein Einschnitt gemacht, das Folgende, die zweite Hälfte, spielt Jahre später.

Sowohl für die Erklärung des *Kästchens*, das Hersilies Brief erwähnt, wie auch für die von Melusines Abschiedslied eröffnet sich eine neue Perspektive, wenn man beachtet, daß Goethe beides verknüpft mit der Entsagungslehre des Romans, wie sie in der zentralen Isola-Bella-Szene zur Darstellung kommt. Im Anschluß an diese Szene kommt Goethe auch auf die ihm wichtige praktische Seite des Entsagens. Hier bringt er Formulierungen, die von großer Tragweite für die ganze Romanhandlung sind: *Tun ohne Reden muß jetzt unsre Losung sein – Die Sehnsucht verschwindet im Tun und Wirken*; es gilt, *das Tun am Denken, das Denken am Tun zu prüfen*; *der Gesellschaft nützlich zu sein*.

Viel spricht dafür, daß Entsagungsmaximen dieser Art als Weisheitsschatz den Inhalt des geheimnisvollen Kästchens bilden. Damit wäre Hersilies Frage beantwortet nach der Bedeutung des wundersamen Findens, Wiederfindens, Trennens und Vereinigens: es ist das Los der Entsagenden, die zur Einheit von Denken und Tun gelangen. Ähnlich wie beim *Kästchen* die Deutung geheim bleibt, so verbirgt sie sich auch bei dem Märchen vom *Schatullchen*. Aus Finden, Wiederfinden, Trennen und Vereinigen besteht in der *Neuen Melusine* die Struktur der Handlung. Unausgesprochen bleibt aber, daß es dabei immer um die Frage der Entsagungsfähigkeit geht. Von Prüfungen, Bedingungen wird berichtet, das Wort Entsagung vermieden. Als Melusine es doch einmal ausspricht, geschieht das in bedeutendem Zusammenhang, fällt aber wenig auf. Nachdem sie ihr Abschiedslied gesungen hat, sagt Melusine: *Ich muß meinen liebsten Wünschen entsagen*. Das Entsagenmüssen entspricht dem tiefernsten Sinn des Abschiedsliedes. Doch kommt der Ernst nicht genügend zur Geltung, weil inzwischen eine versöhnliche Liebesvereinigung stattfand, bei der Melusine sich schalkhaft heiter zeigte noch nach dem Abschiedslied.

Durch die Verknüpfung mit der Isola-Bella-Szene wird die im Märchen fehlende Deutung gegeben: Vom Entsagen handelt auch *Die neue Melusine*. Bei allem

179

Trennen und Vereinigen geht es in dem Märchen letztlich um die Frage der Einheit von Denken und Tun. Melusine *prüft ihr Tun am Denken*, wenn sie auf den Geliebten verzichten und zu ihren Verwandten zurückkehren will. Was die Weisheitslehre des Zwergenreichs gebietet, soll ihr Handeln bestimmen.

Im Augenblick, da Melusine diese Haltung einnimmt, gleicht sie anderseits der trauernden Melusine, wie Goethe sie ehemals hatte besingen wollen mit sinnbildlichem Bezug auf eine wichtige Lebensentscheidung. Wegen der Erinnerung hieran gab er dem Abschiedslied Melusines den vertieften Stimmungsgehalt, der es zum Schwerpunkt innerhalb des Märchens macht, so daß dessen erste Hälfte als in sich geschlossene Einheit aufgefaßt werden konnte.

Durch die Verknüpfung mit der Isola-Bella-Szene führt Goethe nun eine bemerkenswerte Konstellation herbei. Das Mignon-Lied, das hier die heftige Abschiedsrührung auslöst, war einst Ausdruck derselben Lebensentscheidung Goethes gewesen, die er in der trauernden Melusine versinnbildlichen wollte. Die geheime innere Verwandtschaft der Gestalten ist ein weiterer Hinweis, daß Goethe die trauernde Melusine des Märchens als Entsagende aufgefaßt wissen wollte. Denn Mignons Lied mit seiner Italienverherrlichung dient jetzt in der Isola-Bella-Szene dazu, den vier Freunden das Verzichten auf das *Paradies* des Südens als schwerste Entsagung bewußt zu machen.

Der Abenteurer, der durch seine Unfähigkeit, zu entsagen, die *Neue Melusine* so eindrücklich verbindet mit dem Entsagungsthema der *Wanderjahre*, bringt schließlich doch noch Tun und Denken in Einklang, als er die Nützlichkeitslehre der Auswanderer akzeptiert und verwirklicht. Lenardos Lob, er habe *Verzicht getan* auf seine Geschwätzigkeit, deutet in der Formulierung an, wie auch er jetzt in den Bund der Entsagenden eingeweiht ist. Die Teilnahme an dem Auswandererbund und die damit dokumentierte Entwicklung sind nur möglich, weil der Abenteurer aus dem Zwergenreich zurück in die Menschenwelt floh und dem *Ideal in sich selbst* folgte. Goethe läßt dies aber nicht als eine Handlung des Entsagens im Sinne der *Wanderjahre* erscheinen. Des Abenteurers Flucht – so stellt Goethe es dar – bedeutet für ihn keinen schweren Verzicht, sie ist vielleicht sogar ein Akt der Maßlosigkeit. Nur so, indem der Abenteurer konsequent ein zweifelhafter Charakter blieb, konnte Goethe versteckt, unerkannt hinter dieser Figur, am Schluß des Märchens das Bild erscheinen lassen, auf das es ihm ankam: das Bild dessen, der aus einer zu kleinen, engen Umgebung fortstrebt in die gemäßere; das Bild des Riesen, der die Kuppel seines eigenen Palastes durchstößt. Wie zutreffend dies Bild Goethes Lebensbedürfnis veranschaulicht, sein Verhalten zu Sesenheim, sein Leiden an Weimar usw. erklärt, bestätigt ein Satz aus der *Italienischen Reise*, wo die Weite Roms und die Enge der Heimat gegenübergestellt werden:

Da, auf dem Punkte der Wirkung meines Wesens, fühl ich die Gesundheit meiner Natur und ihre Ausbreitung; meine Füße werden nur krank in engen Schuhen, und ich sehe nichts, wenn man mich vor eine Mauer stellt. (25. Dezember 1787.)

Zur Entstehung des *Märchens*
von 1795

Während der *Neue Paris* und die *Neue Melusine* Beispiele dafür abgeben, wie Goethe Märchendichtungen jahrzehntelang in sich bewegen konnte, ehe er sie im Zusammenhang mit seiner Autobiographie schriftlich fixierte, ist *Das Märchen* in der Zeit der Erfindung auch wirklich niedergeschrieben worden.

Es war Schiller, der Goethe zur Abfassung des Märchens veranlaßte. Geschrieben wurde es in erstaunlich kurzer Zeit, wenn man bedenkt, daß Goethes Fabulierkunst hier kulminiert in einem Gebilde von höchster Kompliziertheit und Verflochtenheit der Bezüge. Ende Juni 1795 hatte Goethe eine Unterredung mit Schiller in Jena, von wo aus er nach Karlsbad weiterreist. Unterwegs am 2. und 3. Juli gab ihm der Inhalt des Gesprächs Stoff zum Nachdenken, denn er schreibt einige Tage danach an Schiller: *Indem ich auf meiner Herreise einige alte Märchen durchdachte, ist mir verschiednes über die Behandlungs-Art derselben durch den Kopf gegangen. Ich will ehstens eins schreiben, damit wir einen Text vor uns haben.* Während des Aufenthalts in Karlsbad begann Goethe die Arbeit am *Märchen.* Möglicherweise wurde auch auf der Rückreise, die ihn am 11. August wieder nach Jena führte, mit Schiller darüber gesprochen. Am 17. August fragt Goethe den Freund, wieviel Manuskript er für die *Horen* bedürfe, und kündigt an, er könne ihm noch im August den *Schluß der letzten Geschichte* der *Unterhaltungen deutscher Ausgewanderten* liefern. Für September verspricht er bereits *Das Mär-*

chen und fügt hinzu: *Ich würde die Unterhaltungen damit schließen, und es würde vielleicht nicht übel sein, wenn sie durch ein Produkt der Einbildungskraft gleichsam ins Unendliche ausliefen.* Für Oktober stellt Goethe die *Fortsetzung des Märchens* in Aussicht. Am 18. August 1795 fügt er hinzu, daß er den *Übergang zum Märchen bald möglichst* übersenden wolle, und er fährt fort: *Zu dem Märchen selbst habe ich guten Mut; es unterhält mich und wird also doch wohl auch einigermaßen für andere unterhaltend sein.* Am 24. August kam Goethe mit dem *Märchen* nach Jena, fand aber den Freund körperlich leidend, so daß eine beabsichtigte Besprechung unterblieb. Schiller schreibt an Goethe am 29. August: *Das Märchen ist bunt und lustig genug, und ich finde die Idee, deren Sie einmal erwähnten: »das gegenseitige Hülfleisten der Kräfte und das Zurückweisen aufeinander«, recht artig ausgeführt. Meiner Frau hat es viel Vergnügen gemacht; sie findet es im Voltairischen Geschmack, und ich muß ihr recht geben. Übrigens haben Sie durch diese Behandlungsweise sich die Verbindlichkeit aufgelegt, daß alles Symbol sei. Man kann sich nicht enthalten, in allem eine Bedeutung zu suchen. Die vier Könige präsentieren sich gar prächtig, und die Schlange als Brücke ist eine charmante Figur. Sehr charakteristisch ist die schöne Lilie mit ihrem Mops. Das Ganze zeigt sich überhaupt als die Produktion einer sehr fröhlichen Stimmung. Doch hätte ich gewünscht, das Ende wäre nicht vom Anfang getrennt, weil doch beide Hälften einander zu sehr bedürfen, und der Leser nicht immer behält, was er gelesen. Liegt Ihnen also nichts daran, ob es getrennt oder ganz erscheint, so will ich das nächste Stück damit anfangen; ich weiß zum Glück für das Neunte* [Stück der Horen] *Rat, und kommt dann das Märchen im X. Stück auf einmal ganz, so ist es um so willkommener.*

Goethe seinerseits aber *lag daran*, das Märchen in Fortsetzungen zu publizieren. Schiller wiederholte seinen Wunsch zwei Tage darauf und bat um schnelle *Resolution* mit der Begründung: *Das Publikum ist immer mit dem Abbrechen unzufrieden, und jetzt müssen wir es bei guter Laune erhalten.* Goethe jedoch beharrte darauf, daß seine Absicht verwirklicht werde: *Das Märchen wünscht ich getrennt, weil eben bei so einer Produktion eine Haupt-Absicht ist, die Neugierde zu erregen. Es wird zwar immer auch am Ende noch Rätsel genug bleiben.* Sei es um seinen Willen durchzusetzen, sei es aus wirklich dringenden redaktionellen Erfordernissen, Schiller handelte eigenmächtig, vor Eintreffen von Goethes *Resolution* – wie er wenigstens versichert –: *Das Märchen kann nun erst im X. Stück der Horen erscheinen, da ich in der Zeit, daß ich Ihre Resolution erwartete, das nächste beste aus meinen Abhandlungen zum IXten Stück habe absenden müssen. Auch ist es im Xten Stück noch nötiger, weil ich zu diesem sonst noch keine glänzende Aussichten habe. Wollen Sie es alsdann noch getrennt, so kann der Schluß im Eilften Stücke nachfolgen. Ich bin aber nie für das Trennen, wo dieses irgend zu verhindern ist, weil man das Publikum nicht genug dazu anhalten kann, das Ganze an einer Sache zu übersehen und darnach zu urteilen.* Goethe verlor nun über die Angelegenheit kein Wort mehr, und *Das Märchen* wurde nach Schillers Willen als Ganzes gedruckt.

184

Die Kontroverse erscheint vielleicht geringfügig, sie wirft aber ein bezeichnendes Licht auf die ganz bestimmte formale Vorstellung, die Goethe vom Märchen im allgemeinen hat: es muß in Fortsetzungen erzählt werden. Gemäß dieser *Hauptabsicht, Neugierde zu erregen*, verfährt die Scheherazade in der für Goethe stets vorbildlichen 1001 Nacht. Und auch von ihm selbst wissen wir, daß er beim mündlichen Vortrag von Märchen die Gepflogenheit hatte, mitten im Erzählen oder Vorlesen abzubrechen und an einem andern Tage fortzufahren.

Hier nur einige Beispiele. Das Tagebuch vom 9. März 1809 meldet: *Nach Tische das Märchen*. Das Tagebuch vom 10. März 1809: *Nach Tische Schluß des Märchens*. (Es handelt sich hierbei notabene um *Das Märchen* von 1795). Oder nehmen wir das Tagebuch vom 25. Juni 1817, wo es heißt: *. . . gegen 1 Uhr bei den Prinzessinnen* [Maria und Augusta]. *Der Schluß des Märchens*.

Nicht zufällig wurde auch das als Typus gedachte *Knabenmärchen* in *Dichtung und Wahrheit*, der *Neue Paris*, in der Weise gebaut, daß es ohne eigentlichen Schluß aufhört und die Möglichkeit einer Fortsetzung angekündigt wird: *Ob ich euch erzählen kann, was weiter begegnet, oder ob es mir ausdrücklich verboten wird, weiß ich nicht zu sagen.* Bei Gelegenheit des Erstdrucks der *Neuen Melusine* hatte Goethe es in der Hand, seine *Hauptabsicht* durchzusetzen, die Schiller ihm im Falle des *Märchens* von 1795 durchkreuzt hatte. *Die neue Melusine* erschien, wie wir hörten, mit einem Abstand von zwei Jahren im *Taschenbuch für Damen*. In all diesen Fällen verglich Goethe ausdrücklich sein Verfahren mit dem der Scheherazade. Schon bei Beginn der *Unterhaltungen deutscher Ausgewanderten* hatte Schiller beanstandet: es sei schade, daß *der Leser zu wenig auf einmal zu übersehen bekommt, und daher nicht so im Stande ist, die notwendigen Beziehungen des Gesagten auf das Ganze gehörig zu beurteilen,* woraufhin Goethe mit einer prinzipiellen Erklärung erwiderte: er gedenke *wie die Erzählerin in der Tausend und Einen Nacht zu verfahren.* Auch Friedrich Wilhelm Riemer hat überliefert, daß Goethe in den *Unterhaltungen deutscher Ausgewanderten eine Art von tausend und einer Nacht liefern* [wollte], *so nämlich, daß eine Erzählung durch die andere hervorgerufen würde; dankte aber zuletzt Gott, daß er bis an das Märchen kam.* Wenn Goethe schließlich *Gott dankte, daß er bis an das Märchen kam,* so hängt das mit der Verärgerung über die Verständnislosigkeit Schillers und des Publikums gegenüber einer Erzählform zusammen, die Goethe besonders lieb war.

In eine Rahmenhandlung gebrachte Märchenerzählungen waren nach Goethes eigenen Worten *die Favoritform der Orientalen, wodurch sie ihre grenzenlosen Märchen in eine Art von Zusammenhang zu bringen suchten.*

Eben diese Favoritform trachtete Goethe in den *Unterhaltungen deutscher Ausgewanderten* auch im deutschen Sprachbereich einzuführen. Doch mußte er das Unternehmen, *eine Art von Tausend und Einer Nacht zu liefern,* abbrechen, weil sie auf Ablehnung bei den Lesern traf. Die Kontroverse über diese Erzählform spiegelt sich noch in den *Unterhaltungen* selbst, wo die

186

Baronesse das Verfahren *nach Weise der Tausend und Einen Nacht* ausdrücklich kritisiert, indem sie dem Erzähler vorschreibt: . . . *wenn Sie uns eine Geschichte zur Probe geben wollen, so muß ich Ihnen sagen, welche Art ich nicht liebe. Jene Erzählungen machen mir keine Freude, bei welchen, nach Weise der Tausend und einen Nacht, eine Begebenheit in die andere eingeschachtelt, ein Interesse durch das andere verdrängt wird; wo sich der Erzähler genötigt sieht, die Neugierde, die er auf eine leichtsinnige Weise erregt hat, durch Unterbrechung zu reizen, und die Aufmerksamkeit, anstatt sie durch eine vernünftige Folge zu befriedigen, nur durch seltsame und keineswegs lobenswürdige Kunstgriffe aufzuspannen. Ich tadle das Bestreben, aus Geschichten, die sich der Einheit des Gedichts nähern sollen, rhapsodische Rätsel zu machen und den Geschmack immer tiefer zu verderben. Die Gegenstände Ihrer Erzählungen gebe ich Ihnen ganz frei, aber lassen Sie uns wenigstens an der Form sehen, daß wir in guter Gesellschaft sind. Geben Sie uns zum Anfang eine Geschichte von wenig Personen und Begebenheiten, die gut erfunden und gedacht ist, wahr, natürlich und nicht gemein, so viel Handlung als unentbehrlich und so viel Gesinnung als nötig; die nicht still steht, sich nicht auf Einem Flecke zu langsam bewegt, sich aber auch nicht übereilt; in der die Menschen erscheinen wie man sie gern mag, nicht vollkommen, aber gut, nicht außerordentlich, aber interessant und liebenswürdig. Ihre Geschichte sei unterhaltend, so lange wir sie hören, befriedigend, wenn sie zu Ende ist, und hinterlasse uns einen stillen Reiz weiter nachzudenken.*

Man hat immer wieder gemeint, daß diese Worte der

Baronesse des Dichters eigene Ansicht aussprächen. Doch ist dies keineswegs der Fall. Wenn Goethe aus einer Person der *Unterhaltungen* selbst spricht, so ist das am ehesten der alte Geistliche, der nicht nur die meisten Geschichten, sondern auch *Das Märchen* erzählt. Er vertritt recht eigentlich die Rolle der Scheherazade und ist auch derjenige, der sich als am meisten sachverständig und überlegen in Fragen der Erzählkunst erweist, wie aus den umfangreichen theoretischen Erörterungen hervorgeht. Dieser Haupterzähler stimmt den Worten der Baronesse durchaus nicht zu, sondern fügt sich nur widerstrebend ihren *hohen und strengen Forderungen*. Gegen die wesentlichen Forderungen der Baronesse verstößt Goethe auch selber als Erzähler, indem er mit jener durch *Unterbrechung* gereizten Neugierde, in den *Unterhaltungen* zweigeteilte Geschichten und außerdem eine *eingeschachtelte* Erzählung bringt. Schließlich widerlegt auch *Das Märchen*, das Kernstück der *Unterhaltungen deutscher Ausgewanderten*, in augenfälliger Weise die Ästhetik der Baronesse: es stellt ein *rhapsodisches Rätsel* dar, das in keiner Weise *den Geschmack verdirbt.*

In den Ausführungen der Baronesse wird man also nicht des Dichters Meinung erkennen. Wahrscheinlicher ist, daß Goethe hier Schillers und anderer Theoretiker ästhetische Einwände und die Forderung auf *Einheit* und *Übersehbarkeit des Ganzen* aufgreift, sie scheinbar parteilos wiedergibt, während er praktisch entgegengesetzt verfährt.

An Goethes Verfahren erinnert der alte Geistliche auch, wenn er eine Pause erbittet, um vor der Erzählung des Märchens sich sammeln zu können: *Lassen Sie auf meinem gewöhnlichen Spaziergange erst die sonderbaren Bilder wieder in meiner Seele lebendig werden, die mich in frühern Jahren oft unterhielten.* Das erinnert daran, wie Goethe auf der Reise von Jena nach Karlsbad erst *einige alte Märchen durchdachte*, ehe er sein *Märchen* konzipierte. Auch die Bemerkung des alten Geistlichen, er bereichere gern seine Sammlung von Geschichten *aus alten Büchern und Traditionen* entspricht Goethes eigener Vorliebe für Quellen.

Auf die vielen theoretischen Forderungen der Baronesse, die den erfahrenen Erzähler irritieren, erteilt der alte Geistliche eine höfliche Abfuhr:

Kennte ich Sie nicht besser, gnädige Frau . . . so würde ich glauben, Ihre Absicht sei, mein Warenlager, noch eh ich irgend etwas davon ausgekramt habe, durch diese hohen und strengen Forderungen völlig in Mißkredit zu setzen. Wie selten möchte man Ihnen nach Ihrem Maßstab Genüge leisten können. Selbst in diesem Augenblicke . . . nötigen Sie mich, die Erzählung die ich im Sinne hatte, zurück zu stellen und auf eine andere Zeit zu verlegen.

Deutlich spiegelt sich hier Goethes Verstimmung über die ihm während des Verfassens seiner Erzählungen erteilten beengenden Vorschriftsmaßregeln. Noch drastischer ist die Abfuhr, die der Geistliche dem jungen Mann erteilt, der ihn auffordert, ein Märchen zu erzählen, gleichzeitig aber ihn mit Vorschriften überschüttet, wie dieses Märchen gebaut und beschaffen sein solle: *Wissen Sie nicht, sagte Karl zum Alten, uns irgend ein Märchen zu erzählen? Die Einbildungskraft ist ein schönes Vermögen, nur mag ich nicht gern, wenn sie das was wirklich geschehen ist, verarbeiten will; die luftigen Gestalten, die sie erschafft, sind uns als Wesen einer eigenen Gattung sehr willkommen; verbunden mit der Wahrheit bringt sie meist nur Ungeheuer hervor und scheint mir alsdann gewöhnlich mit dem Verstand und der Vernunft im Widerspruche zu stehen. Sie muß sich, deucht mich, an keinen Gegenstand hängen, sie muß uns keinen Gegenstand aufdringen wollen, sie soll, wenn sie Kunstwerke hervorbringt, nur wie eine Musik auf uns selbst spielen, uns in uns selbst bewegen und zwar so daß wir vergessen, daß etwas außer uns sei, das diese Bewegung hervorbringt.* Goethes Stimme klingt ganz besonders vernehmlich aus der Entgegnung des erfahrenen Erzählers: *Fahren Sie nicht fort, sagte der Alte, Ihre Anforderungen an ein Produkt der Einbildungskraft umständlicher auszuführen. Auch das gehört zum Genuß an solchen Werken, daß wir ohne Forderungen genießen, denn sie* [die Einbildungskraft] *selbst kann nicht fordern, sie muß erwarten was ihr geschenkt wird. Sie macht keine Plane, nimmt sich keinen Weg vor, sondern sie wird von ihren eigenen Flügeln getragen und geführt, und indem sie sich hin und her schwingt, bezeichnet sie die wunderlichsten Bahnen.*

Daß Goethe hier seine eigenen Erfahrungen als Märchendichter und seine persönliche Auffassung vom Märchen wiedergibt, läßt sich an der inhaltlichen Übereinstimmung dieses Passus mit Verlautbarungen über das Märchen in andern Goetheschen Werken erweisen. Wenn Karl Märchen ablehnt, in denen *die Einbildungskraft* verarbeitet, *was wirklich geschehen ist,* und in denen sich *die luftigen Gestalten* mit *Wahrheit* verbinden, so ist das gerade etwas für Goethes Märchen sehr Typisches. Schon der 19jährige Goethe schrieb an F. Oeser: *Ein Märchen hat seine Wahrheit, und muß sie haben, sonst wär es kein Märchen.* Er erzählte, wie *Dichtung und Wahrheit* berichtet, *aus lauter bekannten Gegenständen zusammengesonnene* Märchen.

Auch die Märchen vom *Neuen Paris* und von der *Neuen Melusine* zeigen, wie Goethe die virtuose Verbindung von Realität und Zauber kultivierte. Er schätzte ausdrücklich *das Aneinandertreten der Poesie und Prosa*, das Hinübergleiten von Realität zu Zauberei. Aus der Zeit erster Überlegungen zum *Märchen* der *Unterhaltungen deutscher Ausgewanderten* stammt die schon erwähnte Definition: *Märchen: das uns unmögliche Begebenheiten unter möglichen oder unmöglichen Bedingungen als möglich darstellt.* In einer gleichfalls schon zitierten Erwähnung der *Neuen Melusine* spricht er von der *humoristischen Anmut, die aus der Verbindung des Unmöglichen mit dem Gemeinen* [d.h. Alltäglichen], *des Unerhörten mit dem Gewöhnlichen entspringen könne.* Bei der Lektüre von 1001 Nacht im Jahr 1799 interessierte ihn, wie sein Tagebuch vom 1. Okt. ausweist, gerade die *Verbindung der unbedingtesten Zauberei und des beschränktesten Reellen.* Als Goethe 1815 den Plan zu einer *Persischen Oper* faßt, charakterisiert er sie mit den Worten: *sie ist märchen- und geisterhaft, dabei geht alles natürlich zu.* In den *Noten und Abhandlungen* zum *West-östlichen Divan* spricht er von Märchen als von *Spielen einer leichtfertigen Einbildungskraft, die vom Wirklichen bis zum Unmöglichen hin- und widerschwebt, und das Unwahrscheinliche als ein*

Wahrscheinliches und Zweifelloses vorträgt. Schließlich liefert das *Märchen* von 1795 selbst den Beweis, daß – im Gegensatz zu Karls Theorie – die *luftigen Gestalten, mit Wahrheit verbunden,* durchaus nicht als *Ungeheuer* empfunden werden, und daß sie auch keineswegs *mit dem Verstand und der Vernunft im Widerspruche* stehen.

Luftgebilde nennt auch der Verfasser des *West-östlichen Divans* in seinen *Noten und Abhandlungen* die orientalischen Märchen, doch können damit durchaus Märchen überhaupt gemeint sein. Von ihnen wird gesagt: *Ihr eigentlicher Charakter ist, daß sie keinen sittlichen Zweck haben und daher den Menschen nicht auf sich selbst zurück, sondern außer sich hinaus in's unbedingte Freie führen und tragen.* Dieses Wesensmerkmal steht im Widerspruch zu den *Forderungen* der Baronesse in den *Unterhaltungen deutscher Ausgewanderten.* – Schließlich faßt der Dichter 1828 in einer Anzeige von *1001 Tag* nochmals seine Auffassung vom Märchen zusammen: *Die Einbildungskraft in ihrer ausgedehnten Beweglichkeit scheint zwar kein Gesetz zu haben, vielmehr wie ein wacher Traum hin und her zu schwanken; aber, genau besehen, wird sie auf mannigfaltige Weise geregelt: durch Gefühl, durch sittliche Forderungen, durch Bedürfnis des Hörers, am glücklichsten aber durch den Geschmack, wobei die Vernunft ihre edeln Gerechtsame leitend ausübt.* Goethe bezeichnet diese immanenten humanen Qualitäten als *geheime Bedingungen, denen die Einbildungskraft im Stillen huldigt.*

Als Fabulierer wehrte er sich gegen das Theoretisieren und einengende Vorschriftenmachen. Seinem Wesen und seiner Entstehung nach ist ein Märchen keine Schöpfung des Verstandes, kein rationales Gebilde, sondern ein Erzeugnis der Phantasie. Scheinbar ungehemmt treibt die Phantasie des Dichters ihr freies Spiel. Der Fabulierer muß sich hüten, abstrakte Ideen zu verbildlichen und sich damit der Allegorie zu nähern. Ein Märchen darf nicht *gar zu verständig und verständlich* sein, sonst kann es Goethe *nicht recht behagen*, wie er im Februar 1797 an Schiller schreibt. Nur wenn er *das Schiffchen auf dem Ozean der Imagination recht herumjagen* kann, erwartet er eine *leidliche Komposition.* Noch ein Jahr vor seinem Tode bezeichnet Goethe die *reine Unbefangenheit des Märchens* als dessen *Hauptcharakter.* Von *echten Märchen* sagt der Verfasser von *Wilhelm Meisters Wanderjahren,* daß sie den Menschen *aus sich selbst hinausführen, seinen Wünschen schmeicheln und ihn jede Bedingung vergessen machen, zwischen welche wir, selbst in den glücklichsten Momenten, doch immer noch eingeklemmt sind.* Auch wenn man ein Märchen *belächelt,* so bleibt es doch stets *ein Gleichniß des Wünschenswertesten.* Selbst *ein Kranker oder Gefangener* kann sich wohl *im Augenblicke an einem erzählten Märchen zerstreuen, sowie man sich in andere Sphären und Jahre versetzt.* Doch die Menschen *ergötzen* sich nicht nur am Märchen; es kann auch eine *unterhaltende Belehrung* gewähren. Allerdings warnt der Dichter davor, wenn die *lebendige Gegenwart des Unerforschlichen und Unglaublichen . . . uns hier so gewaltsam anzieht,* daß wir solche *unschätzbare naive Dinge durch mystische Symbolik für Gefühl und Einbildungskraft zerstören.*

Daß trotz aller Freiheit der Imagination Goethes Märchen stets ethischer Natur sind, daß *sittliche Forderungen* erfüllt werden und die *Vernunft ihre edeln Gerechtsame ausübt*, hängt mit dem Naturell des Dichters zusammen, der, obwohl zumeist aus dem Unbewußten schaffend, eben diese Qualitäten, die Kennzeichen seines Wesens sind, mit in die Erzählung einbringt.

Wie Goethes Phantasie im *Märchen* von 1795 mit vollkommener Freiheit schaltet, wie sie scheinbar hemmungslos Situation mit Situation kombiniert, das gibt vielen Partien ein verwirrendes, nahezu traumartiges Gepräge. Anderseits eignet jedem einzelnen Detail verblüffende Naturwahrheit. Mit Recht hat man darauf hingewiesen, daß noch die scharfe Beobachtungsgabe des Naturforschers Goethe den Realismus in Einzelschilderungen bestimmt. Die Frage, wie weit das schwierige Werk auslegbar sei, wird schon in den *Unterhaltungen deutscher Ausgewanderten* berührt. *Diesen Abend verspreche ich Ihnen ein Märchen, durch das Sie an nichts und an alles erinnert werden sollen,* sagt der alte Geistliche, bevor er seine Erzählung des *Märchens* beginnt. *An nichts und an alles erinnernd* – die doppelsinnige Formulierung stimmt überein mit einer Äußerung Goethes zum *Märchen* gegenüber Wilhelm von Humboldt: es sei eine *schwere Aufgabe* gewesen, *zugleich bedeutend und deutungslos zu sein.* Von vornherein betonte sein Schöpfer den Rätselcharakter dieses Werks.

An Schiller schrieb Goethe, als er ihm am 26. September 1795 die Handschrift des zu Ende geführten *Märchens* übersandte: *Selig sind, die da Märchen schreiben, denn Märchen sind à l'ordre du jour. Der Landgraf*

von Darmstadt ist mit 200 Pferden in Eisenach ange-
langt, und die dortigen Emigrierten drohen sich auf uns
zu repliieren; der Kurfürst von Aschaffenburg wird in
Erfurt erwartet.

Ach! warum steht der Tempel nicht am Flusse!
Ach! warum ist die Brücke nicht gebaut!
Ich wünsche indessen, weil wir doch immer Menschen
und Autoren bleiben, daß Ihnen meine Produktion nicht
mißfallen möge; wie ernsthaft jede Kleinigkeit wird,
sobald man sie kunstmäßig behandelt, hab ich auch
diesmal wieder erfahren. Ich hoffe, die 8 Figuren dieses
Dramatis sollen, als soviel Rätsel, dem Rätselliebenden
willkommen sein.

Richtig prophezeite Schiller in einem Brief an den
Verleger Cotta: *An dem Märchen werden die Ausleger*
zu käuen haben. Als Cotta auf *die Erklärung von Goe-*
thes Märchen drang, auf die er sehr begierig sei und
nochmals anfragte: *gibt Goethe nicht den Schlüssel zu*
seinem Märchen? erwiderte Schiller: *Der Schlüssel liegt*
im Märchen selbst.

Die erste Reaktion des Publikums war eine Mischung von echter Bewunderung, respektvoller Ratlo-
sigkeit und – Neugier. Sofort nach Erscheinen des *Mär-*
chens befaßten sich viele Leser – besonders in Goethes
Freundeskreis – mit Auslegungen. Prinz August von
Gotha z.B. führte in einem Brief an den Dichter mit viel
Witz aus, der ungenannte Verfasser des *Märchens* könne kein andrer sein als der, somit noch lebende, Jünger
und Evangelist Johannes. Des Prinzen Erwähnung der
Offenbarung Johannis traf sogar etwas Richtiges: das
Märchen weist Anklänge an die *Offenbarung* auf (Edel-

steine, vorverkündende Zeichen usw.). Goethe ging mit scheinbarem Ernst und sichtlich guter Laune auf die Gedankengänge dieses von ihm geschätzten Märchenlesers ein:

Über die Entdeckung, welche Ihro Durchlaucht gemacht haben, daß der Jünger Quaestionis noch leben müsse, bin ich freilich um so mehr erstaunt, als mich die nähere Bekanntschaft mit dem Werke selbst völlig von Ihrer, anfangs allzu verwegen scheinenden Hypothese überzeugt hat. Ich finde in der belobten Schrift, welche nur ein so frevelhaftes Zeitalter als das unsrige für ein Märchen ausgeben kann, alle Kennzeichen einer Weissagung und das vorzüglichste Kennzeichen im höchsten Grad. Denn man sieht offenbar, daß sie sich auf das Vergangene wie auf das Gegenwärtige und Zukünftige bezieht.

Ich müßte mich sehr irren, wenn ich nicht unter den Riesen und Kohlhäuptern Bekannte angetroffen hätte, und ich getraute mir teils auf das Vergangene mit dem Finger zu deuten, teils das Zukünftige, was uns zur Hoffnung und Warnung aufgezeichnet ist, abzusondern, wie Ihro Durchlaucht aus meiner Auslegung sehen werden, die ich aber nicht eher heraus zu geben gedenke, als bis ich 99 Vorgänger vor mir sehen werde. Denn Sie wissen wohl, daß von den Auslegern solcher Schriften immer nur der letzte die Aufmerksamkeit auf sich zieht.

Goethe hatte sein Vergnügen daran, daß die verschiedenen Deutungsversuche der Leser und Leserinnen zu einer *Verwirrung ohne Ende* zu führen schienen. Er schickte an Schiller eine *Erklärung der dramatischen Personen des Märchens* von Charlotte von Kalb, die er noch *geschwind* mit einigen *Varianten zur Erklärung* versah, um dann auch von dem Freund einen *Beitrag zur Auslegung des Märchens* zu erbitten, den Schiller postwendend beisteuerte. Goethe sammelte die Auslegungsversuche, die schon zu seinen Lebzeiten in beträchtlicher Anzahl vorlagen. Eine Erklärung gab er nie – gemäß der Devise aus den *Zahmen Xenien*:

»Warum erklärst du's nicht und läßt sie gehn?«
Geht's mich denn an, wenn sie mich nicht verstehn?

Zur Deutung des *Märchens*
von 1795

Das Märchen, mit dem Goethe die *Unterhaltungen deutscher Ausgewanderten* beschloß, unterscheidet sich auffällig durch seine Struktur von dem *Neuen Paris* und der *Neuen Melusine. Das Märchen* erzählt nicht Einzelschicksale, lenkt vielmehr das Interesse auf viele Figuren; Goethe und Schiller zählten an die zwanzig, wobei sie auch Fluß, Höhle, Tempel, Kohlhäupter usw. dazu rechneten. Ihrem Charakter nach sind viele Figuren uneinheitlich gezeichnet. Oft entstehen aus ihren Handlungen Bilderrätsel. Beides kennen wir als Besonderheit Goetheschen Märchenerzählens aus dem *Neuen Paris* und der *Neuen Melusine.* Hier aber schafft es schwierigere Probleme. Das Sprechen in Bilderrätseln wird im *Märchen* zu einer Hauptform des Erzählens, so daß man zu fragen versucht ist: waren Goethe die Bilderrätsel wichtiger oder die Figuren?

Mit allen formalen und inhaltlichen Eigenschaften

weicht *Das Märchen* ab vom üblichen Märchenerzählen, es ist ohne Vorbild, ein Sonderfall. Anschluß an die Tradition sucht Goethe vor allem dadurch, daß er durch verschwenderische Häufung von märchenartigen Einzelmotiven die herkömmlichen Märchen überbietet. Manches davon läßt sich auf 1001 Nacht zurückführen, wie die zauberkräftige Lampe oder der Fährmann, der nur auf Bedingungen hin über den Fluß setzt. Unberechtigt ist aber der Schluß, der immer wieder gezogen wurde: Goethe habe mit der Komprimierung märchenhafter Züge ein Muster für die Gattung Märchen schaffen wollen. *Das Märchen* ist im ganzen absolut untypisch, und Goethe war Kenner genug, um sich dessen bewußt zu sein.

Untypisch ist auch, wie die Figuren und Vorgänge durchweg an symbolische Bedeutung denken lassen. Anders als im naiveren traditionellen Märchen deutet so jede Einzelheit anscheinend auf ein hintergründiges Problem. Goethe wies einmal auf diese Eigenheit seines Märchens hin, als er zu Auslegungsversuchen von Freunden bemerkte: *Das Märchen, welches die Unterhaltungen der Ausgewanderten schloß, ladet zu Deutungen ein, indem es Bilder, Ideen und Begriffe durcheinander schlingt.* Diese Beschaffenheit des *Märchens* hatte eine unübersehbare Zahl von Deutungen zur Folge, wobei vor allem versucht wurde, die Märchengestalten als Personifizierung bestimmter Begriffe hinzustellen und die *Ideen* zugunsten irgendeiner Weltanschauung auszulegen.

Im ganzen mußte all das unbefriedigend bleiben, weil Goethe selbst solche Art des Deutens abgewiesen hat. Seine wichtigste Äußerung über *Das Märchen* lautet: es sei *zugleich bedeutend und deutungslos*. Die Gestalten des *Märchens* lassen sich nicht auf Begriffe reduzieren. Begriffe nehmen aller Dichtung ihre Mehrdeutigkeit. Im *Märchen* war sie beabsichtigt. Goethe schuf großenteils unlösbare Rätsel. Es belustigte ihn, wenn man sich um Lösungen bemühte. *Das Märchen* erwies sich damit als unterhaltsam, was es auch sein sollte. Doch konstatierte der Dichter, daß es neben diesen vielen Einzelrätseln im ganzen *bedeutend* sei. Auf das Bedeutende legte er offensichtlich Wert und wünschte, daß man es entdecke.

Der einzige Leser des *Märchens*, der seinen Sinn erkannt hat, war Schiller, wie aus seinen Briefen hervorgeht. Schiller wurde es sehr bald klar: *Das Märchen* enthielt in vielem eine Botschaft Goethes an ihn, es war ein Spiegel geistiger Auseinandersetzungen zwischen Goethe und ihm im ersten Jahre ihrer Freundschaft. Mit diesen Auseinandersetzungen begann die künstlerische Tätigkeit beider, deren Ergebnis schließlich die Epoche der Klassik in Deutschland war. Wie *Der neue Paris* und *Die neue Melusine* hatte auch *Das Märchen* einen autobiographischen Hintergrund, sogar einen besonders wichtigen. Schiller mochte die Lösung des *Märchen*-Rätsels nie preisgeben, die inneren Vorgänge zwischen Goethe und ihm sollten nicht mehr enthüllt werden, als es in der Dichtung geschehen war.

Die Worte, *Das Märchen* sei *zugleich bedeutend und deutungslos*, schrieb Goethe an Schillers Freund Wilhelm v. Humboldt, in der Erwartung, daß dem intimen Kenner des Menschen und der Schriften Schillers damit ein guter Wink gegeben sei. Da weder Humboldt noch irgend jemand später diesen Wink beachtet hat, muß man ihm heute nachgehen, will man *Das Märchen* verstehen.

Suchen wir nach dem *Bedeutenden*, so ergibt sich ein entscheidender Anhalt aus der Beobachtung, daß von den vieldeutigen Einzelfiguren eine größere Zahl verbunden ist durch eine gemeinsame Eigenschaft unzweideutiger Art. Sie alle sind Leidende, von Mißgeschick Betroffene. Ihr Leiden rührt her von märchenhafter Verwunschenheit mit verschiedenartigen Auswirkungen. Es entsteht so ein Bilderrätsel, das auf die ganze Handlung ausgeweitet ist, ein strukturelles Bilderrätsel. An Verwunschenheit leiden: insbesondere die *schöne Lilie*, deren Berührung die Liebsten tötet; der traurige Jüngling, der ihr Opfer wird; die Frau des Manns mit der Lampe, die den Verlust ihrer rechten Hand fürchtet; der Riese, der nur durch seinen Schatten etwas ausrichten kann; die Könige im unterirdischen Tempel, die auf ihre Stühle festgebannt sind; der alte Fährmann, der seine Not mit dem Fluß hat, dabei ein armer Mann bleibt. Auch der gefährliche Fluß ist zu nennen, den Goethe zu den *Figuren* des *Märchens* zählte.

Die Handlung des *Märchens* führt nun dahin, daß all diesen Leiden ein Ende gesetzt wird durch ein *großes Glück*. Im Teilhaben an diesem Glück erscheinen die Verwunschenen und Unglücklichen nochmals verbunden. *Ein allgemeines Glück wird die einzelnen Schmerzen in sich auflösen*, so verkündet der Mann mit der Lampe. Am Ende des *Märchens* erweist es sich, woher das große Glück kommt: ein neues Jahrtausend hat begonnen, mit ihm tritt ein Glückszustand ein nach Weise des goldenen Zeitalters. Er bringt die Erlösung von Verwunschenheit, beglückt und entschädigt die Betroffenen, wie der Segen der neuen Zeit sich auf alle Völker verbreitet.

Auf diese Happy-End-Lösung hin ist das gesamte *Märchen* angelegt. Weissagungen lenken die Spannung des Lesers in diese Richtung. Klar tritt zutage, daß das *Märchen* im ganzen vom Zustandekommen jenes Glückszustands handelt. Da Zustände dieser Art in Wirklichkeit niemals existieren können, ergibt sich, daß Utopie eigentlich das Leit- und Rahmenthema ist, von dem die Einheit des *Märchens* strukturell bestimmt wird. Was Dichter und Philosophen so oft erträumten, eine utopische Veränderung der Welt, davon handelt Goethe in Form eines Märchens. *Märchen des Utopien* lautet denn auch die erste Notiz, mit der Goethe die Dichtung projektierte, ein Jahr bevor er an die Ausführung ging.

Noch der endgültige Titel ist erst richtig verstanden, wenn man in ihm eine Anspielung auf den utopischen Inhalt bemerkt. Die Welt läßt sich nicht grundlegend verwandeln. Wer das nicht einsieht und irrealistischen Wunschvorstellungen nachhängt, befaßt sich mit Unmöglichem. Ideale Weltverbesserung ist – Märchen. Ein goldenes Zeitalter gehört in den Bereich des Märchenhaften. So deutet, wenn Goethe *Das Märchen* dichtete, der Titel auf die Identität von Utopie und Märchen. Worauf in der Dichtung alles Streben und Hoffen hinausläuft, das *allgemeine Glück* in einem neuen Jahrtausend, ist – »das« Märchen.

In dem utopischen Charakter des *Märchens* liegt sehr wohl ein *Bedeutendes*, auf das Goethe hinweisen, auch es für erkennbar halten durfte. Die gesamte Konzeption eines *Märchen des Utopien* war von solcher Wichtigkeit, daß der Dichter sich leisten konnte, in Einzelheiten dunkel zu bleiben. Im übrigen ergibt sich auch für manche Dunkelheit eine Deutung, sofern man sie in Beziehung zur Gesamthandlung sieht. Zwei Epigramme aus dem Zyklus der *Xenien*, den Goethe und Schiller gemeinsam dichteten, erklären das *Märchen* ganz in diesem Sinne:

Das Märchen.

Mehr als zwanzig Personen sind in dem Märchen beschäftigt.
»Nun, und was machen sie denn alle?« Das Märchen, mein Freund.

*

Was mit glühendem Ernst die liebende Seele gebildet,
Reizte dich nicht, dich reizt, Leser, mein Kobold allein.

Beide Epigramme betonen, daß der Sinn des *Märchens* aus der gemeinsamen Beschäftigung aller Personen ablesbar sei. Wirklich nehmen sämtliche Einzelgestalten aktiv oder passiv teil am Zustandekommen eines utopischen Glückszustands. Indem sie *das Märchen machen*, verwirklichen sie eine Utopie – auf den Sinn des Titels ist damit hingedeutet. Wer nur den Reiz der Einzelfiguren auf sich wirken läßt, übersieht darüber das dem Gesamten zugrundeliegende Thema: das der Utopie. Es ist nicht so spielerisch behandelt, wie das Gebaren der Kobolde manchmal glauben läßt. Bei dem ganzen Gebilde ist es Goethe »glühender Ernst«, er schuf es mit *liebender Seele.*

Gleichviel, ob Goethe oder Schiller diese Erklärungen gaben – stilistische Gründe weisen auf Schiller –, mit dem Hinweis auf den utopischen Charakter des *Märchens* war ein Ideenkomplex berührt, der *Das Märchen* in handgreiflicher Weise mit Schiller und seinem aktuellen Schaffen verknüpfte. Eine Utopie hatte auch Schiller soeben geschrieben, als Goethe das *Märchen* dichtete. Schillers *Briefe zur ästhetischen Erziehung des Menschen*, sein philosophisches Hauptwerk, das eine Kunsttheorie der Klassik bieten sollte, lief hinaus auf eine utopische Verbesserung der Welt. Prägnante Anspielungen des *Märchens* auf dies Werk gaben Schiller die Gewißheit, daß Goethes Dichtung zu großen Teilen für ihn geschrieben war. Mit *glühendem Ernst* hatte Goethe das Thema Utopie nochmals behandelt, um des Freundes Ohr zu gewinnen für liebende und ernste Ratschläge zu den *Briefen* überhaupt.

Als Schiller sich 1794 mit Goethe befreundete, bildeten die *Ästhetischen Briefe*, an denen er gerade arbeitete, einen der ersten Gesprächsgegenstände. Die Notiz *Märchen des Utopien* – die Keimzelle zum *Märchen* – stammt aus den Tagen, da Goethe soeben den Anfang der *Ästhetischen Briefe* kennenlernte. Unmittelbar nachdem er den Abschluß des Werks gelesen hatte, schrieb Goethe im Sommer 1795 *Das Märchen*. Beide Schriften, die *Ästhetischen Briefe* und Goethes *Märchen* erschienen in den ersten Heften von Schillers Zeitschrift *Die Horen*. Die gleichartige Behandlung des Utopie-Themas hätte den Lesern das Verständnis des *Märchens* durch Schillers *Briefe* ermöglichen können. Enttäuschung und Spott darüber, daß dies nicht geschah, spiegeln sich in den *Xenien*-Epigrammen. Selbst die klügsten Leser, Freunde wie Herder, Wieland, Humboldt fanden, *Das Märchen* habe keinen Sinn.

Auffällig ist die Übereinstimmung vor allem durch den Hauptgedanken, daß die Herbeiführung eines glücklicheren Menschheitszustands, einer Welterneuerung mit Hilfe der Kunst geschieht. Schillers *Briefe* zielen ab auf den *ästhetischen Staat*, das *Reich des schönen Scheins*, in dem die Menschen Erfüllung ihrer Ideale, Befreiung von ihren Leiden finden. Der ästhetische Staat würde verwirklichen, was die Französische Revolution soeben versprochen, aber nur unvollkommen eingelöst hatte. Wahre Menschheitserneuerung, Freiheit und Gleichheit ließen sich nicht erreichen durch bloße Veränderung der ökonomischen Verhältnisse. Sie haben zur unbedingten Voraussetzung eine *Veredelung des Charakters*, und diese Veredelung gewährleistet nach Schiller nur die Kunst, die Dichtung vor allem. In einer Charakterisierung des ästhetischen Staates, in dem *die Schönheit alle Welt beglückt*, klingen die *Briefe* aus. Doch schließt Schiller das Ganze ab mit dem lakonischen Hinweis: in Wirklichkeit gäbe es den ästhetischen Staat nicht, er existiere nur dem Bedürfnis nach in *jeder feingestimmten Seele*, in *wenigen auserlesenen Zirkeln*. Damit war zugestanden: wovon die *ästhetischen Briefe* handeln, ist – Utopie.

Goethes *Märchen* zeigt die gleiche Idee: daß das Zustandekommen der utopischen Welterneuerung bedingt ist von einem Erwachen der Kunst. Besonders augenfällig wird das in der Schlußszenerie. Am Ende steht der Tempel am Fluß, die Brücke ist gebaut, vollzogen haben sich die Ereignisse, die Lilie in ihrem Lied als Vorbedingungen für den Beginn des glücklicheren Jahrtausends herbeisehnt. Zum Modell nahm Goethe den Petersplatz in Rom: den *Tempel* mit dem nahegelegenen Tiber, den *mit Säulen umgebenen Platz* als *Vorhof*, in der Mitte des Platzes der große, als Sonnenuhr dienende Obelisk, sowie die *herrliche Brücke*, die in der Engelsbrücke ihre Entsprechung hat. Die an Roms Kunstwelt erinnernden Bauten werden auch im *Märchen* als Kunstwerke geschildert. An der *prächtigen Brücke* deuten die Säulengänge auf Kunst, noch mehr aber die aus *leuchtenden Edelsteinen* gebildeten Pfeiler. Edelsteine sind im *Märchen*, wie oft bei Dichtern, Symbole für Kunst. Ein Kunstwerk ist auch die *mächtige Bildsäule* des Obelisken mit ihren *edlen und bedeutenden Bildern*. Es sind Gebilde der Kunst, deren Schatten zur Anzeige der Stunden dienen. Der Tempel gleicht dem antiken Pantheon in Rom bis in die Einzelheiten der Rundform und der charakteristischen Kuppelöffnung. Wie für das römische Pantheon die Benennung *Rotonda* gebräuchlich ist, so heißt auch im *Märchen* der Tempel die *Rotonde*. Der Weg, den im *Märchen* die *Rotonde* macht, um an der Stelle des Petersplatzes aus der Erde zu steigen, entspricht römischer Topographie. Das auf der anderen Seite des Tiber gelegene Pantheon müßte den Fluß überqueren, um auf den Petersplatz zu gelangen.

Übereinstimmung zwischen Schillers *Ästhetischen Briefen* und dem *Märchen* zeigt sich auch im Gang der Handlung. Schiller erörtert die unendlichen Schwierigkeiten des Weges, der zum ersehnten Ziel führt, dem *Staat des schönen Scheins*. Langwierige kunsttheoretische Auslassungen hierüber füllen die Hauptmasse seiner *Briefe*, bis auf den letzten Seiten erst das erreichte Schöne charakterisiert wird: der ästhetische Staat, die *idealische Welt* mit ihrer wünschenswerten Geselligkeit, dem Ende aller Selbstsucht und der Gleichheit aller.

Ähnlich verläuft die Handlung im *Märchen*. Die Hauptfiguren streben hin zum Schönen, zunächst zur *vollkommenen Schönheit* Lilies, sodann zum schönen Schauplatz des neubeginnenden Milleniums. Dabei sind zahllose Hindernisse zu überwinden. Die Schilderung der Wegesschwierigkeiten nimmt den größten Raum ein. Goethe benutzt ein Lieblingsmotiv orientalischer Märchen, daß der Weg zum kostbaren Ziel an nahezu unmögliche Bedingungen geknüpft ist, um das Utopische der Handlung zu charakterisieren. Es sind so viele und so schwierige Aufgaben gestellt, daß ihre Bewältigung nur im Märchen realisierbar scheint. Von dem erreichten Schönen, dem ästhetischen Staat, kann Goethe in Form eines Bilderrätsels eine anschaulichere Vorstellung geben als Schiller. Mit seiner Schilderung der symbolisch schönen Bauwerke führt er aus, was Schiller vom Dichter fordert, der den Staat des schönen Scheins vorbereiten soll: *Umgieb die Zeitgenossen mit edlen, mit großen, mit geistreichen Formen, schließe sie ringsum mit den Symbolen des Vortrefflichen ein, bis der Schein die Wirklichkeit und die Kunst die Natur überwindet.*

Im *Märchen* erleben wir wirklich die Bildung eines Staats im Bereich des Schönen, wobei wie bei Schiller auch das Ideal der Gleichheit erfüllt wird. Die Hütte des armen Fährmanns erscheint als *herrlicher kleiner Tempel in der Mitte des großen*, der Fährmann selbst wird Freund des künftigen Herrscherpaars. Der utopische Charakter des Ganzen tritt – übereinstimmend mit Schiller – hervor in dem Zug, daß nur ein kleiner Kreis der an der Märchenhandlung Beteiligten an dem eigentlichen Erlebnis des neuerstandenen architektonischen Wunders teilhat. Die breite Menge bemerkt den Tempel zunächst gar nicht, zeigt dann kaum mehr als Neugier, Staunen und materielles Interesse (Gier nach den Goldstücken). Auf Utopie weist auch die Verjüngung, die an mehreren Hauptgestalten zutage tritt (Jüngling, Mann mit der Lampe, dessen Frau, Fährmann). Das Motiv stammt aus Lebenserfahrungen Goethes. Anblick und Studium der Kunstwelt Roms hatten bei ihm zu einer entscheidenden Verjüngung geführt, der moralischen und künstlerischen *Wiedergeburt*, von der die *Italienische Reise* berichtet. Den Verjüngungsgedanken, der dem Geist der *Ästhetischen Briefe* entsprach, griff Schiller auf in einem Epigramm. Dankbar spielt es auf Goethes *Märchen* an:

Quelle der Verjüngung.

Glaubt mir, es ist kein Märchen, die Quelle der
Jugend, sie rinnet,
Wirklich und immer, ihr fragt wo? In der dichtenden
Kunst.

Die Übereinstimmungen zwischen den *Ästhetischen Briefen* und Goethes *Märchen* sind ein frühes Zeichen für die Zusammenarbeit der beiden Dichter im Hinblick auf ein gemeinsames Ziel. Vollkommen einig sah Goethe sich mit Schiller darin, daß eine Erneuerung der Kunst möglich und wünschbar sei. Von der Wiedergeburt, die sich an ihm selbst in Italien vollzogen hatte, wünschte Goethe, daß etwas davon auf die heimatliche Kunst, die Dichtung vor allem, zu übertragen gelänge. Für eine deutsche Renaissance schien ihm die Stunde gekommen. Im *Märchen* weisen darauf hin die dreimalige Weissagung, die Zeichen und Rufe, daß es *an der Zeit* sei. Der Aufstieg des antiken Pantheons aus Erdentiefe ans Tageslicht ist ein augenfälliges Symbol für Renaissance. In Italien hatte die Renaissance damit begonnen, daß ausgegrabene Kunstschätze der Antike eine Wiedergeburt der Kunst hervorriefen.

Viele Jahre lang mußte Goethe auf die Erfüllung seiner Absichten und Hoffnungen warten. Nach der Rückkehr aus Italien fand er sich in Deutschland isoliert, sein Dichten und Trachten blieb unverstanden. An Erneuerung der Kunst war ohne verbündete Mitwirkende nicht zu denken. Endlich hatte sich in Schiller ein helfender Dichter gefunden. Dies rief Goethes dankbare Teilnahme an den *Ästhetischen Briefen* im *Märchen* hervor. Die dringlichen Aufforderungen des Manns mit der Lampe zur Vereinigung aller Kräfte bringen zum Ausdruck, welche Bedeutung Goethe der Zusammenarbeit zumaß, wo es um so hohe Ziele wie Erneuerung der Kunst und womöglich des Staates ging: *Ein Einzelner hilft nicht, sondern wer sich mit vielen zur rechten Stunde vereinigt ... Wir sind zur glücklichen Stunde beisammen, jeder verrichte sein Amt, jeder tue seine Pflicht.* Nicht zufällig gab Goethe gerade Schiller den Wink, als eine wesentliche Idee im *Märchen* betrachte er: *das gegenseitige Hülfleisten der Kräfte und das Zurückweisen auf einander.* War die Idee der Kräftevereinigung nicht die einzige zentrale, so doch sicherlich die wirklichkeitsnächste in dem sonst so utopischen *Märchen:* eine vergleichbare Zusammenarbeit hatte soeben zwischen den Freunden Goethe und Schiller begonnen.

Allerdings galt es noch ein letztes Hindernis zu überwinden, bevor die Zusammenarbeit beginnen und Früchte tragen konnte. Schiller befand sich in einer Art Verwunschenheitszustand, dem Leiden der Verwunschenen des *Märchens* vergleichbar. Seit vielen Jahren sah er sein Bestes erstarrt, erstorben: die dichterische Produktionsfähigkeit. An seinem Dichtertum zweifelnd, hatte er sich philosophischen Arbeiten zugewandt und war dabei unter die starke Einwirkung Kants geraten. Goethe bot seinen ganzen Einfluß auf, um Schiller von der Kantischen Philosophie zur Dichtung zurückzuführen. Für ihn stand fest, daß Schiller zum Dichter berufen war, daß die eigentlich ihm von Natur verliehene Kreativität sich nur auf dem Gebiet der Dichtkunst entfalten konnte. Es galt, diese künstlerische Kreativität zu erwecken und Schiller zur Aufgabe des Philosophierens zu bringen. Schiller mußte sich bewußt werden, daß beim bloßen Theoretisieren über Kunst seine Hauptbegabung brachlag, daß er sich dabei von seiner wahren Aufgabe entfernte, die darin bestand, selbst Kunstwerke zu schaffen. Mit der Wiederbelebung des Dichters Schiller leistete Goethe dem Freund die entscheidende Hilfe am Beginn ihrer Zusammenarbeit, und das *Märchen* war noch ein Mittel, Schiller zu seiner Bestimmung zurückzuführen.

Indem Goethe im *Märchen* vielfach auf Schillers *Ästhetische Briefe* anspielte, gab er ihm Weisungen und Winke, der Kunst besser zu dienen als durch die von Kant beeinflußte Kunsttheorie. Fragen, mit denen der Philosoph Schiller sich abmühte, was Kunst sei und wie sie entstehe, beantwortete Goethe als Dichter. Hauptgestalten des *Märchens* verlieh er kreative Fähigkeiten, mit denen sie nach Weise von Künstlern produzieren. Aus dem Zusammenwirken dieser Kreativen entsteht die schöne Architekturszenerie eines Idealstaats, die Veranschaulichung von Schillers Idee des ästhetischen Staates. Dem Verfasser der *Ästhetischen Briefe* war damit bedeutet, nach diesem Vorbild von seiner Kreativität Gebrauch zu machen, als Dichter zu realisieren, wovon er philosophierend nur träumte. Eine weitere Anspielung bekräftigte den Wink. In Übereinstimmung damit, daß Schiller in den *Ästhetischen Briefen* alle Kunst als »schönen Schein« definiert, gibt Goethe all den Kreativen des *Märchens* die wunderhafte Eigenschaft des Leuchtens, Glänzens, Scheinens – das Wort *Schein* geistert, auf künstlerische Produktivität deutend, geheimnisvoll durch das ganze *Märchen*. Mit einem kühnen Wortspiel verwandelt Goethe dabei Schillers philosophischen Terminus *Schein* (= Fiktion) in die dichterisch anschaulichen Bilder vom Scheinen und Leuchten.

Die reichsten kreativen Fähigkeiten eignen dem Besitzer der Lampe. Die Lampe hat die Wunderkraft, Steine in Gold, Totes in Edelsteine zu verwandeln. Wir erleben, wie sie den toten Mops zu dem *schönsten Onyx* umbildet. Ausdrücklich wird betont, der kostbare Edelstein sei ein *seltenstes Kunstwerk*! Am Schluß des *Märchens* formt die Lampe aus der ärmlichen Hütte des Fährmanns ein *herrliches Gehäuse aus getriebener Arbeit*, einen *kleinen Tempel*. Ganz offenkundig gleicht ihre Fähigkeit der Kreativität von Renaissancekünstlern. Das zauberkräftige Leuchten der Lampe aber wird geschildert als *schöner heller Schein*, der *alles Lebendige erquickt* – ein Schein, der notabene keinen Schatten wirft!

Die Schlange ist kreativ mit ihrem Vermögen, Goldmünzen in leuchtende Edelsteine zu verwandeln. Aus ihren Edelsteinen sehen wir das Kunstwerk der Brücke entstehen, die am Schluß Länder und Völker verbindet. Im Augenblick aber, da die Produktivität der Schlange beginnt, wird sie leuchtend, gibt einen herrlichen Glanz von sich, all das wird auch an ihr wiederholt als schöner *Schein* bezeichnet. Die Schilderungen der Schlange als *majestätische* Brücke von herrlichen Edelsteinen gehören zu den Glanzpunkten des *Märchens*.

Die Irrlichter und die leuchtende Schlange nennen sich wechselsweise Vettern und Muhme, weil sie *von Seiten des Scheins verwandt* sind. Schein weist auch hier auf die Eigenschaft der künstlerischen Kreativität. Die Irrlichter verwandeln einfaches Gold in *schönes Gold*, in *leuchtende Scheiben* – in Goldmünzen. Münzen sind Kleinkunstwerke, die Irrlichter gleichen also Kunstschmieden, sind quasi Künstler einer subalterneren Ordnung. In einem Maskenzug von 1796 ließ Goethe die Irrlichter des *Märchens* Goldblättchen und Gedichte ausstreuen. Dies beweist, daß er ihre Tätigkeit als sinnbildlich für künstlerisches Schaffen ansah, wobei Dichtkunst einbegriffen war. Ähnlich umfassend in ihrer Sinnbildhaftigkeit sind auch die anderen Kreativen zu denken, besonders die durch das Gold der Irrlichter schöpferisch werdende Schlange.

Magischer Schein ist charakteristisch auch für die schöne Lilie. Ihr *leuchtender Schleier* gibt *ein sanftes Licht von sich*. Lilie aber ist künstlerisch kreativ als Sängerin, Harfenspielerin, und besonders als Dichterin: von ihr stammt das Lied, das genau in der Mitte des *Märchens* nach der schönen Architekturwelt ruft, in der alle Verwunschenheit endet.

Die schöne Lilie vereinigt ideale Eigenschaften mit weniger erfreulichen. Für ihre Verehrer, die zu ihr wallfahrten, ist sie Inbegriff der *vollkommenen Schönheit*, für den Jüngling Symbol der Unschuld, Frau seiner Wahl, zeitweise aber eine problematische Geliebte, deren damenhafte Kapricen ihn versteinen lassen. (Hier spiegeln sich Goethesche Lebenserfahrungen.) – Auch die Irrlichter weisen fragwürdige Züge auf, wenn sie wie freundliche Schnorrer oder leichtsinnige Hofleute erscheinen. Goethes Abneigung, Idealfiguren zu zeigen, macht auch vor dem *Märchen* nicht halt, fällt hier aber besonders auf, weil für die Gattung Märchen klare Verhältnisse von gut und böse die Regel sind. Die gemischten Eigenschaften mancher Gestalten begünstigten Goethes Absicht, im *Märchen* Bilderrätsel zu schaffen, einzelnen Momenten besondere Bedeutung zu geben. So wollen Lilie und die Irrlichter nach ihren besten Momenten beurteilt sein. Bei den Irrlichtern ist dies die Szene, wo nur ihre Kunst dem Schloß des Tempels beikommen kann, das selbst der Mann mit der Lampe nicht zu öffnen vermag. Ähnlich zeigt Goethe an der Frau des Manns mit der Lampe erhebliche Schwächen, die jedoch vergessen sind, als sie in schöner Verjüngtheit zur Freundin der neuen Königin wird.

Die Umwandlung des Begriffs *schöner Schein* aus den *Ästhetischen Briefen* in die anschauliche Lichtsymbolik des *Märchens* war ein glückliches Mittel, um Goethe ins Gespräch mit Schiller zu bringen. Doch griff Goethe mit der Lichtsymbolik noch ein anderes Schillersches Diktum auf und schloß sich einfach an dieses an. Wie die kreativen Gestalten des *Märchens* von innen heraus scheinen, leuchten, glänzen, gleichen sie Himmelskörpern, bei denen das Ausstrahlen eigenen Lichts die Entfaltung schöpferischer Kraft bedeutet. Gerade im sonnenhaften Aussenden eigenen Lichts hatte auch Schiller soeben – kurz vor dem Zusammenschluß mit Goethe – ein Gleichnis für Kreativität gesehen. In *Über Anmut und Würde* steht das beachtliche Wort: ein schöpferischer Mensch soll *nicht die Strahlen fremder Vernunft zurückwerfen, er soll, gleich einem Sonnenkörper, von seinem eigenen Lichte strahlen.* Indem das *Märchen* dies Gleichnis, reich variiert, ausgestaltete, appellierte es an Schiller, seinem prägnanten Wort, das Goethe aus dem Herzen gesprochen war, die Tat folgen zu lassen. Ließ er seine dichterische Kreativität zur Entfaltung kommen, würde er sonnengleich von eigenem Lichte glänzen. Solange er sich mit Theorie und Spekulation abgab, nutzte er seine wahre Schöpfungskraft nicht und geriet in die Abhängigkeit von der *fremden Vernunft* (Kant).

Das Bild des Himmelskörpers, der von eigenem Lichte strahlt, blieb für Goethe bevorzugtes Sinnbild für dichterische Kreativität. Schiller und Byron ehrte er nach ihrem Tode, indem er sie als glänzende Sterne sehen ließ.

> *Heilige Poesie*
> *Himmelan steige sie!*
> *Glänze, der schönste Stern,*
> *Fern und so weiter fern.*

Die Gestalt Euphorions, dem im *Faust II* diese Verse gelten, weist allegorisch auf dichterische Kreativität, zugleich auf den verstorbenen Byron. Aus Euphorions Haupt *glänzt* und *leuchtet* die *Flamme übermächtiger Geisteskraft*. Nach seinem Tode sieht man ihn *wie einen Kometen zum Himmel aufsteigen*, ein *Lichtschweif strahlt aus seinem Haupt*. Ähnlich wird als glänzender Komet auch Schiller nach seinem Tode gefeiert. Durch dichterische Kreativität ist der Freund wirklich geworden, wie Goethe ihn wünschte: Sonnenkörper, der von eigenem Licht strahlt:

> *Er glänzt uns vor, wie ein Komet entschwindend,*
> *Unendlich Licht mit seinem Licht verbindend.*
> *(Epilog zu Schillers Glocke).*

Im *Märchen* weist das Licht-Werden der Schlange – durch Umschmelzen des Goldes der Irrlichter – symbolisch auf den Übergang zu künstlerischer Kreativität. Dieser Übergang ist das die Haupthandlung auslösende Ereignis, alles weitere Geschehen wird durch ihn ermöglicht. Immer wieder schildert Goethe, wie die Schlange in einen euphorischen Zustand gerät, weil sie sich nun an *ihrem eignen Lichte erfreuen* kann, wobei sie mit *eignem Lichte* das Dunkle erhellt. Die Euphorie der Schlange rührt von der frohen Gewißheit her, daß ihr Zustand die ersehnte Erfüllung von Weissagungen anzeigt. Sie geht jetzt ihrer Bestimmung entgegen, ist bereit, das Kunstwerk der Edelsteinbrücke zu schaffen. Sie weiß, daß mit ihrer Schicksalserfüllung die neue Glückszeit beginnt. Ihr Trostwort nach Lilies Lied: *Die Weissagung von der Brücke ist erfüllt!* kommt aus diesem Wissen. Mit demselben Wissen löst sie auch schon in der unterirdischen Rotonde die schwierigsten Rätsel. Ihre Antwort auf die Frage des goldenen Königs, was herrlicher als Gold sei – : *Das Licht*, beruht auf der Erfahrung, daß sie soeben aus Gold das zukunftsträchtige Licht erzeugt hat. Sie vermag sogar dem Mann mit der Lampe das *vierte Geheimnis* zu offenbaren. Was sie ihm ins Ohr zischt, erfährt man nicht. Es bezieht sich aber offenkundig auf die Freude am eignen Licht, ihre Bereitschaft, die Edelsteinbrücke zu bilden, womit der Anbruch der neuen Zeit gewährleistet ist. Denn der Alte ruft daraufhin das Wort *Es ist an der Zeit!* mit gewaltiger Stimme, worauf mit effektvoll magischem Echo die Handlung des *Märchens* in Bewegung kommt. Die beiden Hauptakteure des Dramas eilen ihren Auftritten entgegen.

Im Gespräch mit dem goldenen König antwortet die

Schlange auf seine letzte Frage, was noch *erquicklicher* als Licht sei: *Das Gespräch*. Der Zusammenhang läßt darauf schließen, daß das überraschende Wort von ausschlaggebender Bedeutung sein muß. Die Stelle ist eine der merkwürdigsten des ganzen *Märchens*. Zur Erklärung hilft eine Goethesche Äußerung, in der dem Gespräch einmal eine so exzeptionelle Bedeutung beigemessen wird, wie sie der Bewertung durch die Schlange entspricht. *Wer hat nicht erfahren, welche Vorteile das Gespräch gewährt*, wenn befreundete Künstler, die *nahverwandte Zwecke* verfolgen, sich gegenseitig belehren und fördern. So sagt Goethe in einer bald nach dem *Märchen* publizierten Kunstschrift (*Einleitung in die Propyläen*, 1798). Im *Märchen* erweist sich, daß die wesentlichen Gespräche darin vergleichbarer Art sind: die kreativen Gestalten, miteinander befreundet, belehren einander gegenseitig. Die Gespräche sind *erquicklich*, weil sie *nahverwandte Zwecke* fördern: die Erlösung von Verwunschenheit mit Hilfe der welterneuernden Kunst. (Wieder spiegeln sich hier eigene Erlebnisse: nie zuvor in Goethes Leben hatte das Gespräch eine so hervorragende Rolle gespielt, wie seit Beginn seiner Freundschaft mit Schiller, dem besten Gesprächspartner, der ihm je begegnen sollte.)

Im *Märchen* erfährt die Schlange erst im Gespräch mit den Irrlichtern: das Gold, das ihr *Leuchten und Schein* verleiht und damit die Möglichkeit zur Schaffung der Edelsteinbrücke, ist nicht irgendein beliebiges Gold. Nur was die durch Schein verwandten Irrlichter aus dem Element schon vorgefertigt hatten, ermöglicht ihr, durch Veredlung das für die große Aufgabe

Nötige zu schaffen. Dem Mann mit der Lampe kann die Schlange nun gleichfalls in Gesprächen Belehrung und fördernden Aufschluß geben. Er, der Kreative mit *nahverwandten Zwecken*, leitet in der Folge durch Gespräch die Gesamtheit derer, die den Weg in das neue schöne Weltzeitalter suchen und finden. Ähnlich trösten *erquickliche* Gespräche auch die Verwunschenen: die Könige, die Dichterin Lilie, die Frau des Manns mit der Lampe.

Der Wert, den die Schlange dem *Gespräch* beimißt, entspricht also der Funktion der Gespräche im *Märchen* selbst, entspricht andererseits Goethes Hinweis auf die Vorteile fördernder Gespräche unter Künstlerfreunden. Übrigens betont Goethe in der *Propyläen*-Einleitung die Gleichwertigkeit des mündlichen und brieflichen Gesprächs. Letzteres war ein erster versteckter Hinweis auf seinen Briefwechsel mit Schiller. Zieht man in Betracht, daß Goethe auch im *Märchen* Schiller in Kunstfragen zu fördern versucht, so liegt es nahe zu folgern: das überraschende Urteil der Schlange, am erquicklichsten sei das Gespräch, weist auf diesen Aspekt des *Märchens*, es war ein Wink an Schiller wie auch ein Kompliment für ihn.

Wollte Goethe dem Freund zu verstehen geben, was ihn aus seinem Verwunschenheitszustand, dem Brachliegen seines Dichtertums, erlösen konnte, so lag eine wichtige Lehre beschlossen in dem Verhältnis der Schlange zu den Irrlichtern. Wie die Schlange angewiesen ist auf die Goldmünzen der Irrlichter, um durch Veredelung schon vorgefertigter Kunstleistungen ihr großes Werk, die Brücke, erzeugen zu können, so ist jeder große Künstler angewiesen auf Kunstleistungen kleinerer Vorgänger. Er nimmt sie in sich auf, lernt aus ihren Unvollkommenheiten, veredelt sie – nur so vermag er selbst das Vollkommene hervorzubringen. Auch dem größten Meister fällt das Gold nicht vom Himmel. Zur Entstehung echter Kunst bedarf es der *schulgerechten Folge und Steigerung*, des *Anschlusses an eine Kunst- und Künstlerwelt.* Über solche Grundsätze war Goethe sich nach dem *Märchen* mit Schiller einig, er protokollierte sie in einer mit dem Freund gemeinsam unternommenen Arbeit (*Über den Dilettantismus*).

Im *Märchen* enthielt die Metapher von den Goldmünzen der Irrlichter, die die Schlange zu Edelsteinen umschmilzt, die Mahnung für Schiller: zur Wiederbelebung seines Dichtens die Vorbilder aus dem Bereich der Kunst zu nutzen, statt sich in die Arme der Philosophie zu werfen. Nur was dem Dichter *von Seiten des Scheins verwandt* ist, gibt ihm Nährstoff zur Erzeugung des *schönen Scheins*, dazu die Möglichkeit der Steigerung, wie sie sich an der Schlange mit frappierender Plötzlichkeit vollzieht. In einem hübschen Bilderrätsel zeigt das *Märchen*: sogleich nachdem die Schlange das Gold der Irrlichter in sich aufgenommen hat, vermehrt ihr Schein sich *aufs herrlichste*, die Helligkeit der Irrlichter dagegen nimmt ab. So überstrahlt jeder große Künstler seine Vorgänger, die ihm als Wegbereiter nötig sind.

In einem kontrastierenden Bilderrätsel zeigt Goethe, in welche Situation Schiller die Abhängigkeit von der Philosophie Kants bringt. Als Verfasser kantianischer

Schriften gleicht er dem halb ohnmächtigen Riesen. Statt selbst zu leuchten und zu scheinen, ist er wie der Riese angewiesen auf ein großes, von außen kommendes Licht. Nur mit dem Schatten, den das Licht ihn werfen läßt, vermag der Riese etwas auszurichten. Alle eigenen übergroßen Kräfte, wie sie die Natur ihm gab, liegen dabei völlig brach.

Ähnliche Lehren für den Freund bergen weitere Bilderrätsel, in denen die Überlegenheit der Schlange gegenüber dem Riesen veranschaulicht wird. Als das Zustandekommen der neuen Weltzeit davon abhängt, daß die Hauptpersonen des *Märchens* bei Nacht den Fluß überqueren können, hilft einzig die Schlange aus der Not. Nachdem sie kreativ geworden ist, vermag sie eine Brücke aus leuchtenden Edelsteinen auch nachts zu bilden, was ihr früher unmöglich war. Der Riese wäre zu solchem Dienst unfähig. Bei Nacht fehlt ihm sein Schatten, mit dem er Wanderer über den Fluß trägt: so bleibt sein Mitwirken am Entstehen des neuen Weltzustands gleich Null! Als die neue Zeit angebrochen ist, sind Länder und Völker der Schlange ihr Glück schuldig, denn ihre Überreste bilden die herrliche Brücke, die aller Welt bequemen Übergang über den Fluß ermöglicht. Der Riese aber richtet, wie er über die Brücke taumelt, nur Schaden an. Obgleich der Übergroße *von niemand gefühlt* wird, bringt er mit seinem Schatten die Menge in Lebensgefahr.

All diese Bilderrätsel enthielten die gleiche Botschaft an Schiller: für seine Absicht, der Kunst zu dienen, war Philosophie das ungeeignete Mittel. Sie brachte ihn in Abhängigkeit von dem Großlicht Kant, er selbst wurde dabei zur Unperson gleich dem Riesen. Erfolgreich konnte er seine Ziele nur erreichen durch Ausübung des Dichterberufs, zu dem er determiniert war. Dann kämen seine naturgegebenen Kräfte zum Wirken, er würde dann *von eignem Lichte* glänzen wie die Schlange, indem er Kunstwerke erzeugte.

Das Leuchten von eigenem Licht ist die Metapher, die dem *Märchen* kontinuierlich sein Gepräge gibt. Am eindruckvollsten erscheint sie in der Szene, wo der Mann mit der Lampe am Sternenstand erkennt, das *allgemeine Glück* der neuen Zeit könne Wirklichkeit werden. Es ergeht jetzt sein Aufruf zum Zusammenwirken aller Kräfte: *Ein Einzelner hilft nicht, sondern wer sich mit vielen zur rechten Stunde vereinigt … jeder verrichte sein Amt, jeder tue seine Pflicht.* Die Wirkung seiner Worte ist unmittelbar. Alle *gegenwärtigen Personen* erklären sich hilfsbereit, es entsteht ein *wunderbares Geräusch*, indem sie, jeder für sich, *laut ausdrücken, was sie zu tun hätten.* Achtet man darauf, wer die Gegenwärtigen sind, so ergibt sich, daß alle gemeinsam die Eigenschaft des Leuchtens haben: der Mann mit der Lampe, die Schlange, die Irrlichter, Lilie, sogar der Korb leuchtet, der über dem *Haupt der Alten schwebt.* So kann, als diese Personen zur Hilfeleistung aufbrechen, von ihrem *Zug* gesagt werden: *die Gegend war von diesen vielerlei Lichtern auf das sonderbarste erhellt.* Es folgt nun die unvergleichlich eindrucksvolle Schilderung, wie all die *sonderbaren Lichter* der Hilfsbereiten über den *glänzenden Weg* der Brücke ziehen – eine *leuchtende Herrlichkeit*, ein *leuchtender Kreis*!

Daß das Motiv des Leuchtens gerade hier so reich

ausgestaltet ist, bedeutet mehr als effektvolle Entfaltung von Märchenzauber. An keiner Stelle tritt die *Idee* des *Märchens* so eindrucksvoll in Erscheinung, die Goethes Mitteilung an Schiller auf die Formel brachte: *Das gegenseitige Hülfleisten der Kräfte und das Zurückweisen aufeinander* – die Idee, die als konkreten Hintergrund hatte die Zusammenarbeit der Freunde Goethe und Schiller im Dienste der Kunst. Die Wendung *Zurückweisen aufeinander* bedeutet nach Goethes Sprachgebrauch: die zusammenwirkenden Kräfte sind einander ähnlich, sie ergänzen sich durch diese Ähnlichkeit und vermögen sich deshalb gegenseitig zu helfen, sind aufeinander angewiesen. Entsprechendes stellt die *Märchen*-Szene dar. Der Aufruf des Manns mit der Lampe zur Vereinigung der Kräfte ergeht an lauter Figuren, die durch Ähnlichkeit aufeinander zurückweisen: das Leuchten, ihr Scheinen von innen heraus. Dem Wortlaut nach könnte der Aufruf auch als Parole für jeden, wie immer gearteten, Verein gelten. Nur daß die Lampe zu den vielen *Lichtern* spricht, erhebt die vereinte Hilfleistung zu dem einmalig Besonderen: es handelt sich um Hilfe in säkularer Not. Das neue glücklichere Zeitalter kann nur entstehen, wenn vereinte Kräfte der Kunst zusammenwirken, große und kleine. Hierauf deuten symbolisch die vielerlei Lichter, die sich aufmachen und über das leuchtende Kunstwerk der Brücke ziehn.

Akuten Anlaß zu dem vereinten Hilfeleisten gibt der Tod des Jünglings. Er, der entthronte König, soll der Herrscher einer künftigen glücklichen Menschheit werden. Alle Sorge konzentriert sich darauf, ihn wiederzubeleben, aus seiner Erstarrung zu erwecken. Aktivste Helfer sind die Schlange und der Mann mit der Lampe. Die Schlange – als das dem Aesculap heilige Tier – schützt den Leichnam vor Verwesung, indem sie einen Kreis um ihn bildet und das Ende ihres Schwanzes mit den Zähnen faßt. In dem so entstehenden Bild sah man gewohnheitsmäßig ein Symbol der Ewigkeit, entsprechend wurde es auch von den Auslegern des *Märchens* gedeutet. Goethe aber hat das Bild anders aufgefaßt. Für ihn war es ein Symbol für langdauernde Freundschaft, sofern sie von Anfang bis Ende treu bewährt wird. Einem Freund, mit dem ihn ein langjähriges Verhältnis verband, schrieb er:

Man bedient sich als Symbol der Ewigkeit der Schlange, die sich in einen Reif abschließt, ich betrachte dies hingegen gern als ein Gleichnis einer glücklichen Zeitlichkeit. Was kann der Mensch mehr wünschen, als daß ihm erlaubt sei, das Ende an den Anfang anzuschließen, und wodurch kann dies geschehen, als durch die Dauer der Zuneigung, des Vertrauens, der Liebe, der Freundschaft. (An H.v.Trebra, 5. Januar 1814.)

Es ergibt sich, wie auch im *Märchen* das Schlangengleichnis zu deuten ist: als Freundschaftssymbol. Eingedenk der vielfachen Bezüge des *Märchens* auf Schiller darf man schließen: es war seine Freundschaft mit Schiller, die Goethe in Form eines Bilderrätsels darstellte. Er sah es als seine Aufgabe, des Freundes erlöschende Dichtergabe am Leben zu erhalten. Ihr völliges Absterben hätte alle Hoffnung auf gemeinsames

Wirken im Dienste der Kunst und der Menschheit zunichte gemacht. Wie Goethe alle Kraft und Sorge auf diese psychische Kur verwandte, das stellt sinnbildlich die wohltätige Schlange dar, die das gefährdete Leben des Jünglings mit ihrem ganzen Körper schützt. Seit dem *Märchen* behielt Goethe für das Sinnbild jene Vorliebe, wie sie der Brief an Trebra zeigt. Er sah in ihm jetzt das Symbol für zuverlässige Dauer der Freundschaft. Denn die *glückliche Zeitlichkeit*, zu der sein Bund mit Schiller sich gestaltete, hatte zur Voraussetzung, daß Goethe den Freund und sein Schaffen fortwährend fürsorglich betreute. Die Haltung des guten Genius, einer kreisbildenden Schlange, wurde ihm *von Anfang bis Ende* abverlangt.

Als die Schlange fürchten muß, daß ihr *magischer Kreis* nach Sonnenuntergang den Jüngling nicht mehr schützen kann, kommt rechtzeitig der andere Nothelfer, der Mann mit der Lampe. Weitere Bilderrätsel schließen sich an, die der Hilfsaktion einen besonders tiefen Sinn geben. Der Mann mit der Lampe wird herbeigerufen durch den Anblick des hochfliegenden Habichts, den *die letzten Strahlen der Sonne beleuchten*, und durch den *Geist der Lampe*. Der Habicht ist der heilige Vogel Apolls, des Gottes der Dichtkunst, die Lampe Symbol für künstlerische Kreativität. Von dem *heiligen Licht* der Lampe hatte der traurige Jüngling sich bei seinem ersten Auftreten *künftig viel versprochen*. Jetzt rettet ihn dieses Licht, indem der Mann mit der Lampe nach Sonnenuntergang mit ihm seinen Leichnam *beleuchtet*. (Auffällig ist die Motivverdoppelung: das Licht der Lampe bewahrt hier auch die rechte

Hand der *Alten* vor *völligem Verschwinden.* Das Bilderrätsel läßt eine ähnliche Deutung zu wie die Beleuch-
tung des toten Jünglings.)

Es folgt die Szene des Zugs der Lichter über die
nächtliche Brücke, wobei der Jüngling durch ihrer aller
Leuchten geschützt ist. Nach Ankunft der Lichter am
anderen Flußufer vollzieht sich die Erweckung des
Jünglings wieder in Form eines Bilderrätsels. Der
Mann mit der Lampe gibt mit seiner überlegenen Einsicht die entscheidende Anweisung. Wenn Lilie mit der
linken Hand die Schlange, mit der rechten den Leichnam berührt, geht dieser *ins Leben über.* Zu beachten
ist: bei dem die neue Glückszeit einleitenden Vorgang
wirken die drei Figuren zusammen, an denen das
Leuchten, der schöne Schein, am unmittelbarsten auf
künstlerische Kreativität weist.

Der Mann mit der Lampe erweckt am Ende den
immer noch halb erstarrten Jüngling zu vollem Leben,
indem er ihn den Königen zuführt im Tempel, der nun
am Fluß steht. Erst nachdem die Könige ihm die Herr-
schaftsattribute verliehen haben, ist der Jüngling wirklich voll lebendig. Der älteste, eherne König (*Gewalt*)
verleiht ihm Bewegungsfreiheit der Glieder, der silberne (*Schein*) schenkt Milde und unaussprechlichen Reiz,
der goldene (*Weisheit*) den von Geist belebten Gesichts-
ausdruck. Zu bemerken ist, daß der König »Schein« den
neuen Regenten zum Idealherrscher macht mit der
Aufforderung, ein wohltätiger Völkerhirt zu sein. (Das
Wort *Weide die Schafe* ist biblisch, Völkerhirten sind die
Fürsten aber schon bei Homer.) Es ist also die Kunst mit
ihrem schönen Schein, die in dem neuen Jahrtausend

das Glück der Völker gewährleistet. So entsprach es Schillers *idealischer Welt*, in der *die Schönheit allein alle Welt beglückt und jedes Wesen, das ihren Zauber erfährt.*

Der Mann mit der Lampe, der wie ein Bauer gekleidet ist, bald *der Alte*, bald *heiliger Vater* genannt wird, belehrt am Schluß, zum *wackeren Jüngling* verwandelt, den neuen König: er habe der Schlange sein Leben zu verdanken, wie auch seine Völker *ihr die Brücke schuldig* seien, durch die *die nachbarlichen Ufer erst zu Ländern belebt* [!] *und verbunden werden.* Die Bescheidenheit, mit der der Mann mit der Lampe der Schlange alles Verdienst zuspricht, stimmt zu Goethes Idee vom *Zurückweisen der Kräfte aufeinander.* Die Schlange ist dem Alten verehrungswürdig, seit sie ihm ihre Absicht anvertraut hat, sich aufzuopfern, um die Brücke zu ermöglichen. Er weist den König auch auf einen weiteren Aspekt ihres Selbstopfers hin. Die Schlange belebt mit ihrer Aufopferung nicht nur andere, sie gewinnt auch für sich selbst ein neues Leben unvergänglicher Art: mit der *leuchtenden Brücke hat sie sich selbst erbaut und wird sich selbst erhalten.*

Auf Ersuchen der Schlange hilft der Mann mit der Lampe bei ihrem Selbstopfer. Er sorgt dafür, daß von den abertausend leuchtenden Edelsteinen, in die ihr Körper zerfällt, keiner am Lande bleibt. Die Szene, wie der Alte die ganze Ladung Edelsteine in den Fluß wirft, stellt ein Bilderrätsel dar, das auf eine umfassendere Bedeutung der Edelstein-Symbolik hinweist. An Schiller schrieb Goethe einmal, der Dichter müsse notgedrungen den Sämann der Bibel nachahmen, *der nur säete, ohne viel zu fragen, wo es hinfiel.* Die gleiche Dichter-Resignation tönt aus einem Spruch des *West-östlichen Divan*, nur daß Goethe hier wie im *Märchen* die Metapher vom Ausschütten ins Wasser gebraucht:

> *Was willst du untersuchen,*
> *Wohin die Milde* [Freigebigkeit] *fließt?*
> *Ins Wasser wirf deine Kuchen;*
> *Wer weiß, wer sie genießt.*

Auch im *Märchen* wird betont, daß man zunächst nicht wissen kann, was aus den Edelsteinen wird: die ins Wasser geschütteten *leuchtenden und blinkenden Sterne* [!] *schwammen in den Wellen hin, und man konnte nicht unterscheiden, ob sie sich in der Ferne verloren oder untersanken.* Edelsteine könnten im Wasser keinesfalls schwimmen. Die *schwimmenden und leuchtenden Edelsteine* der aufgeopferten Schlange erwähnt der Mann mit der Lampe am Schluß nochmals gegenüber dem neuen König. Der Sinn des Bilderrätsels besteht darin, daß das Ausschütten von Edelsteinen ins Wasser im *Märchen* ebenso Gleichnis für den Dichter ist wie im *Divan*, wo er seine *Kuchen* ins Wasser wirft. Dichterwerke, dem Papier anvertraut, könnten schwimmen wie die fladenartigen Backwerke des Orients (Kuchen), und die Sternmetapher – *blinkende Sterne* – läßt ja an Dichtung denken. Auf diese Weise wird die Edelsteinsymbolik ausgeweitet. Sofern auf Kunstwerke gedeutet ist, sind dichterische inbegriffen, – ein für die gesamte Thematik des *Märchens* wichtiger Hinweis.

Beendet der Opfertod der Schlange ihre persönliche

Existenz, so führt er doch eigentlich nur zu einer Metamorphose und Steigerung. In dem von ihr gebildeten Kunstwerk lebt sie reicher, schöner fort und dient der veredelten menschlichen Gesellschaft. Eine ähnliche Metamorphose und Steigerung vollzieht sich an dem Riesen. Es endet die verwunschene Existenz des Ohnmächtigen, der trotz all seiner Kraft beim Entstehen des neuen Jahrtausends nicht mithelfen kann. Aus einer bedauernswerten Randfigur verwandelt er sich in das unvergängliche Kunstwerk der *Bildsäule*, die nun im Zentrum des schönen Tempelvorhofs steht, gleich dem Obelisken des Petersplatzes. Als Sonnenuhr wirkt er dauernd im Dienste der Menschen.

Wie der Jüngling, die Schlange, der Riese sterben und wiederaufleben zu einer höheren Daseinsform und die römische Szenerie den Schauplatz für diese existentiellen Verwandlungen bietet, spiegelt das *Märchen* das Neugeborenwerden Goethes in Rom. Zur Zeit, als er seine *Italienische Reise* zu konzipieren begann, die von dieser Wiedergeburt handelt, schrieb er die *Divan*-Verse (*Selige Sehnsucht*):

> *Und solang du das nicht hast,*
> *Dieses Stirb und werde!*
> *Bist du nur ein trüber Gast*
> *Auf der dunklen Erde.*

Selbstopfer nannte Goethe ursprünglich das Gedicht. Vielleicht schwebte ihm noch das Selbstopfer der Schlange im *Märchen* vor, mit dem er den Zeitgenossen zu verstehen gab: nur wenn sich bei vielen Künstlern ein solcher Stirb-und-werde-Prozeß vollzog, wie bei dem Rompilger Goethe, könnte es zu einer Erneuerung der Kunst, einer deutschen Renaissance kommen.

Um als allgemeiner Aufruf Gehör zu finden, war die Stimme des *Märchens* zu leise, und Goethe täuschte sich darüber nicht. Gerichtet war der Aufruf vor allem an Schiller. Schiller als einziger hat denn auch die Botschaft des *Märchens* verstanden, indem er die Umwandlung der Schlange und des Riesen zu Kunstwerken als Appell auffaßte, an sich selbst einen Stirb-und-werde-Prozeß zu vollziehen. Der Theoretiker Schiller mußte sterben, damit der Dichter Schiller neu geboren werde. Durch Hinwendung zur Dichtung tat Schiller es der Schlange gleich, die aus eigenem Licht das Kunstwerk der Brücke schafft. Durch Abwendung von der Philosophie folgte er dem Vorbild des Riesen, den die Umwandlung zum Kunstwerk erlöst von dem Angewiesensein auf fremdes Licht, von einer seiner Kraft unangemessenen Scheinexistenz als bloßer Schatten.

Gerade für das Leise an der Mahnung im *Märchen* war Schiller dankbar. Goethe gab ihm in behutsamen Bildern zu verstehen, was er ihm direkt unmöglich hätte sagen können. Unmittelbare Kritik an seinen philosophischen Arbeiten – sie standen eine Weile für Schiller im Zentrum – hätte ihn vernichtet. Schillers Dankbarkeit für den von Goethe gefundenen Weg schonender Kritik drückt sich aus in einem Epigramm, das Schiller unveröffentlicht ließ:

Die Bedingung.

Jede Wahrheit vertrag ich, auch die mich selber zu nichts
macht;
Aber das fodr' ich – zu nichts mache mich, eh du sie
sagst.

Schillers Verwandlung vollzog sich mit einer Schnelligkeit, die auch Goethe staunen ließ. Unmittelbar nach dem Erscheinen des *Märchens* beschloß er, die philosophische Tätigkeit überhaupt aufzugeben, er wandte sich wieder lyrischen und dramatischen Arbeiten zu, erstmals nach vielen Jahren. Bald darauf setzte eine weitgehende Distanzierung von Kant ein. Goethe rühmte später als unvergeßliches Erlebnis Schillers Fähigkeit, sich mit unglaublicher Geschwindigkeit verwandeln zu können: *Wenn ich ihn drei Tage nicht gesehen hatte, so kannte ich ihn nicht mehr; so riesenhaft waren die Fortschritte, die er in seiner Vervollkommnung machte.* Noch die Schnelligkeit, mit der sich im *Märchen* die Verwandlung des Riesen und der Schlange vollzieht, spiegelt etwas von dieser Eigentümlichkeit Schillers.

Eine öffentliche Antwort auf Goethes poetische Botschaft gab Schiller mit einigen Spruchgedichten, in denen er, auf das *Märchen* anspielend, vermeldet: seine Umwandlung vom philosophischen Rhetor zum Dichter sei vollzogen. Die Epigramme zeigen an, worauf die Architektursymbole am Schluß des *Märchens* hinweisen. In dem Dank, der Goethe hier als dem *Meister* gezollt wird, liegt eine Anspielung auf das *Zusammenwir-*

ken der *Kräfte* im *Märchen* und im Leben der Freunde. Es erinnert daran, wovon das *Märchen* letztlich handelt: von den Geburtswehen der deutschen Klassik.

Der Obelisk.

Aufgerichtet hat mich auf hohem Gestelle der Meister,
*   Stehe, sprach er, und ich steh ihm mit Kraft und mit*
*   Lust.*

Die schöne Brücke.

Unter mir, über mir rennen die Wellen, die Wagen, und
*   gütig*
Gönnte der Meister mir selbst auch mit hinüber zu
*   gehn.*

Die Peterskirche.

Suchst du das Unermeßliche hier? du hast dich geirret.
Meine Größe ist die, größer zu machen dich selbst.

DANKSAGUNG

Ohne »gegenseitiges Hülfleisten der Kräfte« wäre auch dies Buch nicht zustandegekommen. An erster Stelle habe ich Dr. Christa Dill, meiner Freundin und ehemaligen Kollegin in Berlin, für viele wertvolle Hinweise zu danken. Prof. Dr. Hellmut Ammerlahn in Seattle/Washington bin ich für sachkundigen Rat im kollegialen Gespräch dankbar verpflichtet, Dr. Heinrich Reclam in Stuttgart für ungewöhnliche Hilfsbereitschaft bei der Beschaffung des im Buchhandel nicht mehr greifbaren Bandes von Theodor Friedrich über Goethes Märchen. Wie schon oft durfte ich mich bei Recherchen und Bücherbeschaffungen des unermüdlichen Beistands meiner Freundin Renate Laux in Frankfurt erfreuen. Auch Dr. Peter Frank, Kurator an der Stanforder Universitätsbibliothek, hat wie stets freundliche Hilfe geleistet. Auskunft über Frankfurter Lokalitäten erteilte der Leiter des Stadtarchivs Frankfurt Dr. Dietrich Andernacht. Einzelne Hinweise verdanke ich Christa von Helmolt in Frankfurt sowie Dr. Petra Maisak, Doris Hopp und Karen Pfeifer vom Freien Deutschen Hochstift.

Die ursprüngliche Anregung zu einer kommentierten Ausgabe sämtlicher Goethescher Märchen ging aus von meinen märchenkundigen, langjährigen Freunden Prof. Dr. Erika Metzger und Prof. Dr. Michael Metzger von der State University of New York. Ihnen sei daher der Band speziell zugeeignet.

Stanford 1984   Katharina Mommsen

INHALT

Johann Wolfgang von Goethe
im Insel Verlag

Insel-Goethe. 6 Bände. Herausgegeben von Emil Staiger, Walter Höllerer, Hans-J. Weitz, Norbert Miller u.a. Leinen und als broschierte Sonderausgabe

Jubiläumsausgabe in 6 Bänden. Mit farbigem Dekorüberzug in Schmuckkassette. Gebunden

Einzelausgaben

Alle Freuden, die unendlichen. Liebesgedichte und Interpretationen. Herausgegeben von Marcel Reich-Ranicki. IB 1028

Briefe an Auguste Gräfin zu Stolberg. Herausgegeben und mit einem Nachwort versehen von Jürgen Behrens. Mit Abbildungen und Faksimiles. IB 1015

Goethes Briefwechsel mit seiner Frau. Zwei Bände in Kassette. Herausgegeben von Hans Gerhard Gräf. it 1100

Dichtung und Wahrheit. Mit zeitgenössischen Illustrationen, ausgewählt von Jörn Göres. 2 Bde. Leinen

Dichtung und Wahrheit. 3 Bde. in Kassette. Mit Bildmaterial. it 149-151

Elegie von Marienbad. Faksimile einer Urhandschrift. September 1823. Mit einem Kommentarband. Herausgegeben von Christoph Michel und Jürgen Behrens. Mit einem Geleitwort von Arthur Henkel. Leder

Faust. Gesamtausgabe. Leinen und Leder

Faust. Erster Teil. Nachwort von Jörn Göres. Illustrationen von Eugène Delacroix. it 50

Faust. Zweiter Teil. Mit Federzeichnungen von Max Beckmann. Mit einem Nachwort zum Text von Jörn Göres und zu den Zeichnungen von Friedhelm Fischer. it 100

Faust. Zweiter Teil. Faksimile der Erstausgabe. Leinen und Leder

Urfaust. Faust. Ein Fragment. Faust. Eine Tragödie. Paralleldruck der drei Fassungen. 2 Bde. Herausgegeben von Werner Keller. it 625

Frühes Theater. Mit einer Auswahl aus den dramaturgischen Schriften 1771-1828. Herausgegeben und mit einem Nachwort von Dieter Borchmeyer. it 675

Gedichte in einem Band. Herausgegeben von Heinz Nicolai. Leinen

Gedichte in zeitlicher Folge. Eine Lebensgeschichte Goethes in seinen Gedichten. 2 Bde. Herausgegeben von Heinz Nicolai. Leinen und it 350

Goethe – warum? Eine repräsentative Auslese aus Werken, Briefen und Dokumenten. Herausgegeben und mit einem Nachwort versehen von Katharina Mommsen. it 759

57/1/6.88

Johann Wolfgang von Goethe
im Insel Verlag

57/2/6.88

Johann Wolfgang von Goethe
im Insel Verlag

Der Mann von fünfzig Jahren. Mit einem Nachwort von Adolf Muschg. it 850

Maximen und Reflexionen. Text der Ausgabe von 1907 mit den Erläuterungen und der Einleitung Max Heckers. Nachwort von Isabella Kuhn. Leinen, Leder und it 200

Novellen. Herausgegeben und mit einem Nachwort versehen von Katharina Mommsen. Mit Federzeichnungen von Max Liebermann. it 425

Pandora. Herausgegeben von Manfred Fuhrmann. it 1075

Reineke Fuchs. Mit Stahlstichen nach Zeichnungen von Wilhelm Kaulbach. it 125

Reise-, Zerstreuungs- und Trost-Büchlein. 1806-1807. Nach der durch Hans Wahl besorgten Faksimile-Ausgabe von 1927 neu herausgegeben von Christoph Michel. it 400

Das Römische Carneval. Mit den farbigen Figurinen von 1789 und den Fragmenten »Über Italien«. Herausgegeben und mit einem Nachwort versehen von Isabella Kuhn. it 750

Römische Elegien. Faksimile der Handschrift und Transkription. Mit einem Nachwort von Horst Rüdiger. IB 1010

Schriften zur Naturwissenschaft. Ausgewählt und herausgegeben von Horst Günther. Mit Zeichnungen des Autors. it 550

Schriften zur Weltliteratur. Mit Buchillustrationen aus der Goethezeit. Herausgegeben von Horst Günther. it 1025

›Das Tagebuch‹ Goethes und Rilkes ›Sieben Gedichte‹. Erläutert von Siegried Unseld. IB 1000

Tagebuch der ersten Schweizer Reise 1775. Mit den Zeichnungen des Autors und einem vollständigen Faksimile der Handschrift, herausgegeben und erläutert von Hans-Georg Dewitz. it 300

Tagebuch der Italienischen Reise 1786. Notizen und Briefe aus Italien. Mit Skizzen und Zeichnungen des Autors. Herausgegeben und erläutert von Christoph Michel. it 176

Unterhaltungen deutscher Ausgewanderten. Mit einem Nachwort herausgegeben von Gert Ueding. it 1050

Vermischte Gedichte. Faksimile. Mit einem Kommentarband, herausgegeben von Karl-Heinz Hahn. 2 Bde. Pappband

Die Wahlverwandtschaften. Ein Roman. Erläuterungen von Hans-J. Weitz. Mit einem Essay von Walter Benjamin. Leinen, Leder und it 1

West-östlicher Divan. Herausgegeben und erläutert von Hans-J. Weitz. Mit Essays zum ›Divan‹ von Hugo von Hofmannsthal, Oskar Loerke und Karl Krolow. Leinen, Leder und it 75

57/3/6.88

Johann Wolfgang von Goethe
im Insel Verlag

Wilhelm Meisters Lehrjahre. Herausgegeben von Erich Schmidt. Mit sechs Kupferstichen von Catel, sieben Musikbeispielen und Anmerkungen. Leinen, Leder und it 475

Wilhelm Meisters theatralische Sendung. Mit einem Nachwort von Wilhelm Voßkamp. it 725

Wilhelm Meisters Wanderjahre oder die Entsagenden. Mit einem Nachwort von Adolf Muschg. Leinen, Leder und it 575

Xenien. it 875

Briefe und Gespräche

Der Briefwechsel zwischen Schiller und Goethe. Herausgegeben von Emil Staiger. Leinen und it 250 (2 Bde.)

Briefwechsel mit Marianne und Jakob Willemer. Herausgegeben von Hans-J. Weitz. it 900

Briefwechsel zwischen Goethe und Zelter 1796–1832. Herausgegeben von Max Hecker. it 950

Johann Peter Eckermann: Gespräche mit Goethe in den letzten Jahren seines Lebens. Herausgegeben von Fritz Bergemann. Leder und it 500 (2 Bde.)

Übersetzungen

Leben des Benvenuto Cellini florentinischen Goldschmieds und Bildhauers. Von ihm selbst geschrieben, übersetzt und mit einem Anhange herausgegeben von Johann Wolfgang Goethe. Mit einem Nachwort von Harald Keller. it 525

Denis Diderot: Rameaus Neffe. Le Neveu de Rameau. Ein Dialog. Übersetzt von Goethe. Zweisprachige Ausgabe. Mit Zeichnungen von Antoine Watteau. Herausgegeben und mit einem Nachwort versehen von Horst Günther. it 775

Johann Carl Wezel: Belphegor oder Die wahrscheinlichste Geschichte unter der Sonne. Übersetzt von Goethe. Zweisprachige Ausgabe. Mit Zeichnungen von Antoine Watteau. Herausgegeben und mit einem Nachwort versehen von Horst Günther. it 776

Zu Goethe

Goethe – seine äußere Erscheinung. Literarische und künstlerische Dokumente seiner Zeitgenossen. Zusammengetragen von Emil Schaeffer. Überprüft und ergänzt von Jörn Göres

Goethe im zwanzigsten Jahrhundert. Spiegelungen und Deutungen. Herausgegeben von Hans Mayer. Leinen

57/4/6.88

Johann Wolfgang von Goethe
im Insel Verlag

Zu Goethe

Goethes Leben und Werk in Daten und Bildern. Herausgegeben von
  Bernhard Gajek und Franz Götting unter Mitwirkung von Jörn Göres. Leinen

Goethe. Sein Leben in Bildern und Texten. Vorwort von Adolf
  Muschg. Herausgegeben von Christoph Michel. Gestaltet von Willy
  Fleckhaus. Leinen und it 1000

Insel Almanach auf das Jahr 1982. Johann Wolfgang Goethe zu Bildern.
  Herausgegeben von Christoph Michel und Isabella Kuhn. Kartoniert

Barbara Schnyder-Seidel: Goethes letzte Schweizer Reise. Mit zeitgenössischen Illustrationen. it 375

57/5/6.88